JN081615

Corporate Governance und Management in deutschen Unternehmen

# ドイツ企業の統治と経営

吉村典久［編著］

曽根秀一・三上磨知・
岡本丈彦・柴田　明・
堀口朋亨［著］

中央経済社

# はしがき

本書が焦点を当てるのは，ドイツ企業（ドイツ語圏の企業も含む）の統治と経営の問題である。制度論，実態論，規範論のそれぞれの視点から，議論を展開していく。統治の概念は広義に捉え，企業倫理に関わる問題も含むものとする。

執筆者は全員，経営学分野の研究者である。経営学の定義は多様である。われわれは「よいことを上手に成し遂げる方法を探求する学問である」（加護野，2014，238頁）として議論を進めていく。定義のキーワードは「よいこと」と「上手に」である。企業経営の前段となる目的の選択に関わるのが「よいこと」であり，本書でいえば企業統治に関わる部分が，これを論ずることとなる。「上手に」は手段の選択に関わり，企業経営に関わる部分が論ずる部分となる。

言い換えれば本書は，ドイツ企業における「よいこと」，そして「上手に」の選択の問題を論ずるものともいえよう。ではなぜ，ドイツ企業を対象にして論ずるのか。詳細は第1章にて論じているが端的に述べるならば，ドイツ企業の存在感に比較して研究者の注目が集まってこなかった，その結果，経営学研究の全体に占めるドイツ企業の研究の蓄積が小さなものとなっていたといえよう。例えば，「よいこと」に関わる企業統治の姿について，いわゆる「米国型」や「アングロ・サクソン型」の特徴といわゆる「日本型」のそれを比較する研究の蓄積は膨大である。一方，いわゆる「ドイツ型」との比較はどれほどに存在してきたのか。あるいは「上手に」に関わる企業経営の姿について例えば，ゼネラル・エレクトリック（GE），その経営者であったジャック・ウェルチ（Jack Welch）に注目して，その戦略立案・実施の実態，リーダーシップの発揮のありさまを研究したものは数多い。それに比較して，ドイツを代表する企業でありつづけているシーメンス（Siemens AG）に注目する研究はどれほどに存在してきたのか。

存在感に比較しての研究蓄積の少なさを問題視する者に吉原英樹・神戸大学名誉教授がいる（吉原，2013；西村・篠本・加藤，2019）。「ドイツ企業の共同決定の研究，ドイツ企業の経営史的研究，ドイツの産業レベルの研究などでは，かなりの研究蓄積があるようである」(吉原，2013) と指摘すると同時に「ドイツの世界有数の大企業の戦略・組織・人的資源管理・財務管理・生産管理・マーケティング・国際経営などの研究が不足している」(吉原，2013) あるいは「ドイツ経営は大いに研究すべし，とずっと言ってきたけれども，それを実践した後輩研究者はほとんど出なかったです……（中略）……最近，後輩研究者が『おい，吉原先生が言っていたこと，よく分かるわ。あれ，やっとくべきだったな』といいます。フォルクスワーゲンの研究とか，ヘキストやシーメンスの研究をやっていたら，今，ものすごいですよ。コンチネンタル（ヨーロッパ大陸）ではフランス，イタリアとありますけれども，やっぱりドイツでしょう」(西村・笹本・加藤，2019，131頁) と，研究分野の偏り，存在感に比較しての研究蓄積の少なさ，また，それゆえの研究の必要性を説いているのである。

経営学の定義のキーワードのうち「上手に」に関わる研究の少なさを問題視しつつ,「ドイツ企業の共同決定の研究」については「かなりの研究蓄積があるようである」とも指摘しており，この研究はまさしく「よいこと」に関わる研究である。共同決定に関わる研究蓄積が豊富にあることは論を俟たない。現在においても共同決定の制度はドイツ企業の統治の核をなすものであるが例えば，1990年代初頭以降の株式所有構造の変化，具体的にいえばドイツ銀行 (Deutsche Bank AG) をはじめとする金融機関による事業会社の株式売却，その後の，外国人を中心とする機関投資家の所有比率の高まり，といった変化は「よいこと」の見直しを迫るものであった。その見直しが「上手に」にも大きな影響を及ぼしてきた。こうした点についても，分析が深められるべきであろう。

存在感に比較しての研究蓄積の小ささ。本書では，これを少しでも解消していきたいと考えている。ドイツ企業に関わる「よいこと」と「上手に」について本書のみで，網羅的に論じられているとは思われない。より深く，網羅的な研究となっていく第一歩，一里塚との位置づけと本書はなっている。

2021年２月

執筆者を代表して

**吉村 典久**

**【謝辞】**

本書の研究全体は，科学研究費補助金・基盤研究（B）の支援を受けたものである（研究課題/領域番号：16H03656，研究代表者：吉村典久，「同族企業の企業統治類型と経営戦略の合理的選択に関する国際比較」）。また第４章については，基盤研究（C）の支援も受けている（研究課題/領域番号：18K01760，研究代表者：曽根秀一，「技能系老舗同族企業における事業・技能継承に関する研究」）。

また出版に際しては，大阪市立大学大学院経営学研究科・2020年度出版助成の支援を受けた。これら支援に対して，心より感謝申し上げます。

**【参考文献】**

O'Reilly, C. A. and M. L. Tushman (2016) *Lead and Disrupt: How to Solve the Innovator's Dilemma,* Stanford Business Books.（入山章栄監訳・渡部典子訳『両利きの経営―「二兎を追う」戦略が未来を切り拓く―』東洋経済新報社，2019年）

加護野忠男（2014）『経営はだれのものか―協働する株主による企業統治再生―』日本経済新聞出版社。

西村友幸・笹本香菜・加藤敬太（2019）「経営学者のこゝろ〔Ⅲ〕―吉原英樹先生に聞く―」『商学討究』第69巻第４号，pp.129-160。

吉原英樹（2013）「ドイツ経営」「世界経済評論IMPACT」(http://www.world-economic-review.jp/privious_site/active/article/130909yoshihara.html)（最終閲覧日：2021年１月１日）。

# 目　次

# 第1章

# ドイツの企業統治（倫理）と経営への注目

## 1　はじめに

### 1-1　本書・本章の目指すところ

本書は経営学分野の研究者が集まって，現代のドイツ企業の統治・経営に関わる諸点を論ずるものである。論ずるに際しては，それに関わる既存研究・資料の分析，また，現地に赴いての実態調査からの分析が基礎となっている。統治・経営の実態解明に努めるとともに，それを通じて現代の日本企業の統治・経営のあり方を検討する際の一助となることも目指すものである[1]。

本書の入り口となる本章では，「はしがき」で述べた「よいこと」と「上手

---

1　いわゆる「アベノミクス」のポリシーミックスのうち「民間投資を喚起する成長戦略」のなかで，企業統治のあり方に関わる諸々の施策が講じられた。例えば「ダブル・コード」と呼ばれる，2014年2月策定の「スチュワードシップ・コード」と2015年6月適用開始の「コーポレートガバナンス・コード」である。それらを含め施策の一覧と具体的な成果の詳細な分析が，宮島・齋藤（2020）の連載や齋藤（2020）にある。
連載の最後では，「株主至上主義を見直して，社会的な価値の内部化を求める世界の動きも，世界の企業がハイブリッドな構造に収斂していくことを示唆しているのかもしれない。この見方に立てば，重要な点は，今後の改革が，従来の日本型の維持でも，米国型の収斂でもない，第三の道を戦略的に追求している点を明確に意識し，そのためにどのようなガバナンス構造が現実的なのかを，注意深く検討することである」（第2236号，34-35頁）と安倍政権下で進められた施策が完成形ではないことが指摘されている。
「第三の道」について三品（2019）は「国内に閉じこもらず，かつアングロ・サクソン型のガバナンスに追随しない『中庸の制度設計』が求められる」（172頁）として，取締役会のメンバーに株主重視と従業員重視のガバナンスの間の適切な「裁定者」を置くことを提案している。

に」に関わる議論が大きな変換点を迎えていることを論ずる[2]。そして同時に変換点を迎えている現在，ドイツ企業の統治・経営に関心を寄せる，寄せるべき理由について論じていく。

日本とドイツはともに，第二次世界大戦の敗戦から米国の同盟国となり，冷戦下のなかで輸出主導の工業国に生まれ変わった[3]。現在も製造業に強みを持ちつづけている点において共通している[4]。また製造業の設備投資の資金については長らく，銀行による間接金融体制で主に担ってきた点においても共通している。人的な結びつきも強固であった（山崎，2019）。また後述もするように，ドイツには企業の重要な決定に従業員が制度的・法的に参加する共同決定制度がある一方，日本でも企業別に組織された労働組合が経営者と密な情報交換を実施してきたり，経営者に大きな難ありの場合には，労働組合や中堅以上の従業員が経営者の任免に関与する慣行があった（小池，1994；2004；2018；吉村，2007；2008；2012；2017a；2019）。

冷戦終結後，『資本主義対資本主義』（原著1991年，邦訳1992年，邦訳・改訂新版 2011年）なるタイトルにて資本主義の多様性を論じたのが，ミシェル・アルベール（Michel Albert）である。そこでは，「アングロサクソン型」と「ライン型」と呼ぶ資本主義の形態が比較されている。後者は「日本・ドイツ型」とも呼ばれ，日本とドイツに典型的に観察されるとする[5]。アルベールは具体的に，「株主が所有し，自由に処理する，単なる商品が企業なのか（アングロサクソン型)。それとも，株主の権力と経営者の権力のバランスがとれ，その経営者を銀行と従業員とが（後者は表立っているとは限らないが）選考す

---

2　すぐに再度，「よいこと」と「上手に」について論じている。

3　第二次世界大戦後から現在にいたるまでのドイツ経済の流れについては例えば，古内（2019a；2019b）を参照のこと。また20世紀全般にわたるドイツの経済・経営に関しては例えば，工藤（1999）を参照のこと。くわえて戦後から1970年代初頭までにかけての，ドイツの企業統治・経営に対する米国の存在の影響については，山崎（2009）に詳しい。くわえて山崎（2013）には，それ以後を含めて2010年代初頭までの状況の詳細な分析がある。

4　ただし，輸出の構造は異なっている。1950年代から最近にかけての輸出単価（ドル建て）と輸出数量の組み合わせを分析すると，日本の輸出は基本的に数量の拡大が基本にあった。一方でドイツの場合，数量よりも価格上昇が輸出拡大の基本となってきた（大木，2020)。こうした価格競争に依存しない高付加価値化の視点も，日本の少なからぬ企業が導入すべき視点である。

るという，複雑な一種の共同体が企業なのだろうか（日本・ドイツ型）……（アルベール，邦訳・改訂新版 2011年，23頁）」と企業の統治の姿に関わる類型化を行っている。Hall and Soskice（2001）の提唱した「資本主義の多様性（VOC：Varieties Of Capitalism）」においても「調整された市場経済（CME：Coordinated Market Economies）」を持つ国家の代表としてドイツが取り上げられ，日本もCMEに分類されている。

こうした共通点をもってきたことが，ドイツ企業における「よいこと」と「上手に」に注目する理由に他ならない。それと同様に，20世紀から21世紀にかけての期間，日本とドイツはともに株主の存在を特段に配慮する（後述する）「アメリカ化」に直面した。世紀をまたぐ頃のドイツは「欧州の病人」と呼ばれ，経済は低迷し，失業が蔓延していた。しかし現在のドイツは「欧州経済の牽引役」であり，メルケル政権下（2005年11月から）では「黄金の10年」と評されるなど（大木，2020），その状態は様変わりを見せている。経済を支える産業・企業セクターが「アメリカ化」に直面するなか，「よいこと」と「上手に」に関していかなる議論や取り組みがなされたのか。これもドイツ企業に注目する理由となる。

もちろん，何らの問題がないわけではない。例えば，明らかな「悪いこと」として，欧州最大手の自動車会社でもあるフォルクスワーゲン（Volkswagen AG）[6]で2015年９月に発覚したディーゼルエンジンの排出ガスに関する不正の問題があった（熊谷，2016；Ewing, 2017）。また同社では，フェルディナント・ピエヒ（Ferdinand Karl Piëch）は長年，実質的に企業経営を担っており，

5　ドイツにおける会社観については，「企業の利益（Unternehmensinteresse）」なるドイツに伝統的にある考え方の存在が重要である（加治，2015；風間，2017；山口尚美，2018）。ドイツの利害多元的な企業モデルの根底には，ドイツの共同決定制度に基礎を置く従業員の経営参加の歴史や，それと密接に関連するドイツ経営学における共同体論的な思考，また法学では1920年代より企業（それ）自体論（Unternehmungs an sich）として議論されてきた問題がある（海道，2013）。そしてその流れの中で，企業の機関ないしその構成員の行動・責任基準が論じられ，「西ドイツの通説・判例は，その基準として「企業の利益（Unternehmensinteresse）」という概念を導入した」（正井，1979，103頁）とされる。これは「株式会社の経営が，単に株主価値の最大化を目標としていると説くのではなく，従業員や社会などの利益を考慮する」（高橋，2020，33頁）考え方である。ドイツにおける会社観の表れであると指摘できよう。

それが同氏による「独裁」といった問題を引き起こしていたともされる（風間，2015；吉森，2016）。また同様に明らかな「悪いこと」として，ドイツあるいは欧州を代表するフィンテック企業となったワイヤーカード（Wirecard AG）の粉飾決算，経営破綻の問題もあった（谷口，2020）。2018年９月に同社はドイツ主要30銘柄（DAX30）に入り，成長が期待されていた企業であった[7]。

ただし指摘するまでもなく，こうした「悪いこと」は各国にて発生している。ドイツ特有の問題ではない。しかしながら当然，こうした問題に対処する術についてドイツでも議論が深められている。これも注目する理由となる。

## 1-2　本書の考える「経営学」と発展

「はしがき」でも述べたように本書では「経営学」を「よいことを上手に成し遂げる方法を探求する学問である」（加護野，2014，238頁）と定義して議論を進めていく。定義のキーワードは「よいこと」と「上手に」である。「企業経営（Management）」や「経営管理（Business Administration）」の前段となる目的の選択に関わるのが「よいこと」である。これは，すぐに定義する「企業統治・会社統治（Corporate Governanace）」の問題に直接に関わっている。「上手に」は諸々の手段の選択に関わる。例えば，企業・事業レベルの戦略の立案，経営資源の獲得・配分，組織・人材管理に関わる手段の選択である。

---

6　本書ではこれ以降，会社名を表記する場合にはカタカナ書きとする。各章での初出の際には，その原語を括弧内に付記する。ドイツ企業に関しては，会社形態を示す“AG”なども付記する。

7　明らかな「悪いこと」をなしたわけではないが，「よいこと」とは何かを論ずる以前の問題を抱えている企業があることも確かである（Germano, 2019；大木，2020）。例えば，ワイヤーカードに変わってDAX30から外されたドイツを代表する金融機関であるコメルツ銀行（Commerzbank AG），そしてドイツ銀行（Deutsche Bank AG）は経営状態の悪化がつづいている。また代表的な輸出産業である自動車産業でも，電気自動車や自動運転車に要する巨額の研究開発投資やディーゼル車の需要の急激な落ち込みや自動車販売の世界的な落ち込みなど，先行きが見通せない状況にある。くわえて一般機械，化学品の産業でも人員削減が実施されるなど，ドイツを代表する産業分野の競争力に陰りも指摘されている。また米国や中国で巨大プラットフォーム企業が台頭を見せるなかで，ドイツのそれの立ち後れも指摘される。
こうした指摘はしばしば，日本企業にも投げかけられるものである。その意味においても，現代のドイツ企業の実態を分析していくことには十分な価値があるものと考えられよう。

「現代の経営学は，『よいこと』よりも，『上手に』という側面に焦点を絞ることによって進歩した」（加護野，2014，238頁）や「経営学はある時期から経営の手段だけを研究し，経営の目的を探求しなくなった。今日，経営書はあふれているが，その圧倒的多数が手段を重視した技術論に属する」（伊藤，2007，263頁）との指摘があるように，「上手に」に偏った議論が展開されてきた。

「よいこと」とは何かを探求すると，利害関係者の価値観や正義観にまでさかのぼった議論が求められる。利害関係者の利害の対立は政治的な抗論につながることもある。ある主張が正しいのか否か，議論に決着を見るのは容易ならざることである。じつに判断の難しい問題である（伊藤，2012；2013；2014；2016；2017a；2019）。一方で「上手に」，すなわち手段の選択に関わる議論の正しさは決着を見やすい。前者を難しいものとしている価値観や正義観の問題にまで立ち入らなくとも，選択された手段の成果に関わる数値などをもとに正しさを判断できる。「よいこと」との規範的な議論に延々とは深入りすることなく，判断の容易な「上手に」の議論を発展させてきたのが，経営学の歴史である（加護野，2014；伊藤，2017a；吉村，2017b）[8]。

「上手に」，手段の選択に関する議論の発展を牽引したのは紛れもなく，第二次世界大戦後の米国の実務家，コンサルタント，そして研究者であった。それらの間の交流，また，兼務するものも多いなかで，企業経営の現場の求めに応じて成果につながる数多くの手段を編み出し，また，洗練させていった。それは日本をはじめとする他国の実務家や研究者などに移転されることとなり，企業経営の「アメリカ化」が進められたのである（工藤，2003；2009）。

---

8　「よいこと」について，議論が皆無であったわけではない。例えば，SWOT分析の提唱者として知られるケネス・アンドルーズ（Kenneth Andrews）である（伊藤，2017a）。彼はイゴール・アンゾフ（Igor Ansoff）とともに，経営戦略論の勃興期にあたる1960年代から議論の牽引役を務めていた。Andrews（1971）では，「経営者個人の価値観」や「企業の社会的責任」といった「よいこと」につながる点を戦略策定の前提に置く議論が展開されている。そうした点と「組織の強みと弱み」と「外部環境の機会と脅威」の間の適合をなしていくための構想を彼は戦略と見なした。彼の議論は包括的・啓発的なものであったが一方で複雑，理解容易なものではなかった。そのため，当時の経営戦略論の展開への影響力は限定的なものとなった。ただし彼自身は「よいこと」の観点に関心を持ちつづけ，1989年には*Ethics in Practice: Managing the Moral Corporation*を上梓し，そこでは株主価値や利潤の最大化のみが「よいこと」ではないと主張している（Andrews, 1989）。

# 2 「よいこと」への注目

## 2-1 いわゆる「物言う株主」の時代へ

経営学の分野において「よいこと」に関する議論が深化を見せないまま，1970年代に端を発し1980年代に急速な発展を遂げた，経済学の分野から唱えられたエージェンシー理論[9]，そして20世紀後半を代表する経済学者であり新自由主義を唱えたミルトン・フリードマン（Milton Freedman）のいわゆる「フリードマン・ドクトリン」が相まって，「よいこと」の議論は（一応の）決着を見せることとなる（Fox, 2009；Bower & Paine, 2017；ポーゼン，2019）。

いわゆる「フリードマン・ドクトリン」とは1970年に*The New York Times Magazine*に掲載されたエッセーに始まる教えであり（Friedman, 1970）[10]，そこでフリードマンは企業の責任はビジネスで利益を上げ，納税することのみと主張した。エージェンシー理論はこの主張の支柱となり，利益の最大化のため，企業経営のなかで株主価値の最大化を第一とするための理論を提示することとなった。株式会社の所有者は株主（委託者・主人）であり，それゆえに企業経営を託された経営者（受託者・代理人）は目的として株主価値の最大化を最優先すべきであり，その目的を実現する手段として戦略立案・実施があるとの論理を展開したのであった。

1950～70年代，あるいはそれ以前の米国では株主だけでなく，それ以外のステークホルダーの利益にも配慮すべきとの見解が有力であり，多くの州の法律でも取締役会の意思決定において株主以外のステークホルダーの利益を考慮することを認めてきた（Mitchell, 1989；Drucker, 1993；1999；広田，2019）[11]。しかしながら理論的な支柱も得たフリードマン・ドクトリンはその後，「80年代の『株主資本主義』は，1920年代以後形成されてきていた《顧客・従業員・株主・社会等のバランスある利益のための経営》という流れからの実質的転

---

9　代表的な研究には例えば，Jensen and Meckling（1976）がある。

10　以下より入手可能。https://www.bnicapital.ch/files/friedman.pdf（最終閲覧日：2020年11月11日）

換」（片岡，2004，８頁）にいたり，米国の産業界に根を張ることとなる[12]。

その象徴的な１つが，米国の主要企業の経営者団体であるビジネスラウンド・テーブル（BRT：The Business Roundtable）の声明である。1978年以降，定期的に企業統治に関する原則を公表してきたが，1997年に定めた“Statement on Corporate Governance”では，その「I. INTRODUCTION」の最初で“The Business Roundtable wishes to emphasize that the principal objective of a business enterprise is to generate economic returns to its owners.”と，株主のための利益追求が明確に言及されている[13]。

1990年代，バブル崩壊後の日本は，いわゆる「失われた20年」に突入した。一方で情報技術革命と金融自由化の先頭を走った米国は急激な成長を見せつけ

---

11　Berle and Means（1932）の最後の部分では会社と社会の関係のあり方が論じられており，「巨大株式会社の『支配者』が，純粋に中立的な技術家主義に発展を遂げて，コミュニティにかかわるさまざまな集団の主張にバランスをとり，私欲を基本にするのでなく公共の政策に沿って所得の流れを各集団に配分していく―そういう選択肢が考えられるし，株式会社制度が生き延びるにはそのことが不可避ではないかと思われるのである」（邦訳，335頁）と彼らの主張がなされている。

12　もちろん，例外的な企業もあった。代表的であるのはジョンソン・エンド・ジョンソン（J & J：Johnson & Johnson）であろう。同社の「我が信条（Our Credo）」（https://www.janssen.com/japan/about-us/ourcredo）（最終閲覧日：2020年11月11日）は「我々の第一の責任は，我々の製品およびサービスを使用してくれる患者，医師，看護師，そして母親，父親をはじめとする，すべての顧客に対するものであると確信する」，そして第二の責任は社員（従業員），第三は共同社会とする一方，「第四の，そして最後の責任は，会社の株主に対するものである」と明確に優先順位を示している。また，ドクトリンが支配的であった1991年から2001年の間にビル・ジョージ（Bill George）が最高経営責任者を務めた総合医療機器メーカーのメドトロニック（Medtronic）においても，ジョージのリーダーシップのもと，その存在価値を株主価値の向上には置かず，患者の治癒に置くことを企業経営の基本とした（George, 2003）。ある対談で吉森賢・横浜国立大学大学院国際社会科学研究科教授（当時）は，同社の高業績を維持しつつ「株主総会で堂々と株主のための経営はやっていないという経営者（ジョージのことを指す-筆者挿入）がいます……（略）……今年（2002年-筆者挿入）の３月には全米取締役協会（NACS）でやはり基調講演を行い，そのなかで堂々と『私は株主の利益のためにはやっていない，お客さんと従業員，そして株主のためにやっている』と語っています（吉森・若杉，2020，74頁）」とジョージの姿勢を評している。

13　以下より入手可能。http://www.ralphgomory.com/wp-content/uploads/2018/05/Business-Roundtable-1997.pdf（最終閲覧日：2020年11月11日）

る。それを背景にして，米国に根を張った株主の利益を軸とする資本主義が，いわゆる「グローバル・スタンダード」と見なされるようになるのである（ブキャナン，2015）。

## 2-2 いわゆる「物言う株主」だけではない時代へ

### 2-2-1 2018年の英国のコーポレートガバナンス・コードの改訂

多くの国々でコーポレートガバナンス・コード（CGコード）が導入されているが，そのモデルとなったのが英国である。1992年に発表されたキャドベリー報告書，1995年のグリーンベリー報告書，その後も報告書の発表はつづき（八田・橋本訳，2000），それがCGコードに発展した。

日本も例外ではない。英国のそれに範を取ってきた（久保他，2000；藤田，2015;2000）[14]。この英国のコードが2018年７月に改訂され，翌年１月から適用となった（**図表１-１**）。改訂のポイントは従業員の意見の取り入れであり，意見を企業経営にいかに反映させていくか，さらに企業経営を通じていかに社会に反映させていくか，が重視されている[15]。最高経営責任者（CEO：Chief Executive Officer）の後継者計画や報酬についても，社会の多様な（diversity）意見を反映しうるダイバーシティーのある取締役会で議論することが謳われている。こうして従業員の意見を取り入れた，いわゆる「サステナビリティ経営」の実現に向けて，CEO自身が企業文化（Corporate Culture）を造りあげていく。こうした考え方，ストーリーとなっている（上田，2018；奥乃，2018；鈴木，2018；須磨，2018；山口幸代，2018；一ノ澤，2019；林，2019；2020a；2020b；内ヶ﨑，2020a；2020b，内ヶ﨑・神山，2020；内ヶ﨑・中川，2020）。

適用は2019年１月以降開始の決算期からであったが，先行して対応している

---

14 藤田（2015；2020）は範を取ってきたとするが導入当初から，英国企業の収益力・株価上昇率の相対的な低さ，経営者，特に赤字企業のそれに対する高額報酬，そして大型の不祥事の頻発を見るに英国のCGコードにはそもそも，難が多いとも指摘している。
英国のCGコードやスチュワードシップ・コードについては規範的な議論として紹介などがされることが多い。一方で，その取締役会やトップマネジメントチームの実態についての紹介・分析などは相対的に少ない。そうした１つには例えば，久保他（2019）がある。

15 それ以前における，英国企業に観察されたトップ層と従業員代表との情報提供・協議などの制度や実態については例えば，デュークス（2013）に説明がある。

**図表１－１　改訂された英国のコーポレートガバナンス・コードの概略**

**経営方針**

・従業員も利害関係者として重視，経営に意見を反映へ
・長期の企業価値向上につながる「企業文化」の策定・促進を取締役会に要求

**役員報酬**

・報酬委員会に明確で公正な基準づくりを要求
・株式報酬は行使までの保有期間を５年以上に

**株主との対話**

・20％以上の反対票を受けた株主総会議案に説明責任

**取締役会**

・性別，人種，経歴などの観点で取締役の多様性確保
・会長の在任期間を最長９年に制限

**その他**

・英基準で上場の全企業に適用拡大（従来は例外規定あり）

【経営に意見を反映するため１つ以上の実施を義務づけ】
・従業員代表の取締役の選任
(a director appointed from the workforce)
・正式な従業員諮問委員会の設置
(a formal workforce advisory panel)
・特定の非業務執行取締役の任免
(a designated non-executive director)

出所：各種の資料にもとづき筆者作成。

会社もあった。林（2020b）はFTSE100社（ロンドン証券取引所・時価総額上位100社）の2019年10月段階の年次報告書をもとに，対応予定を含む状況を調査している。それによれば，従業員代表の取締役の選任は確認されなかった。正式な従業員諮問委員会の設置は15社，従業員の意見を代弁する特定の非業務執行取締役の任命は15社，その他の代替的な方法は８社にのぼり，38社が先行しての対応となっていた[16]。

16　内ヶ崎・神山（2020）には，英国のロールスロイス（Rolls-Royce）における取り組みが報告されている。例えば，約５万人の従業員から選出された350人のメンバーと取締役会メンバーとの交流の場の設定や独立社外取締役の１人が従業員エンゲージメントを担当する“Employee Champoin”の任命などである。

### 2-2-2　2019年のビジネス・ラウンドテーブルの宣言：「脱・株主至上主義」へ

日本のそれも範を取る英国のCGコードだけでなく，いわゆる「脱・株主至上主義」の主張は米国でも大きなうねりとなっている（Rock, 2020）。企業経営上の目的を利害関係者のなかでも株主の利益，特段に短期的な利益に置くことについては，多くの著名な研究者が企業経営あるいは他の利害関係者の利益に及ぼす悪影響に警鐘を鳴らしてきた（例えば，Christensen and Bever, 2014；Kotler, 2015；Mintzberg, 2015；Bower and Paine, 2017）。くわえて2019年には，経営者自身の組織だった声明が注目を集めることとなる。最も注目を集めたのはBRTが1997年以来掲げてきた「株主至上主義」の旗を降ろし，「脱・株主至上主義」を打ち出したことにある（Gartenberg and Serafeim, 2019；Mayler, 2019；田村，2020a；2020b；渡邉・三山，2020）。8月に発表した声明である“Statement on the Purpose of a Corporation”では「顧客への価値の提供」「従業員への投資」「取引先への公正で倫理的な対応」「地域支援」といった幅広く利害関係者に配慮し，「株主のための長期的な価値創造」に努力するとしたのである[17]。この声明に署名したのは，BRT会長かつJPモルガン会長兼最高経営責任者をはじめとする181社の大企業の経営者であった[18]。

この“Purpose”（「パーポス」）の考え方については近年，多くの研究が進められている。代表的な研究者であるクローディン・ガーデンバーク（Claudine Gartenberg）やジョージ・セラフェイム（George Serafeimc）らはHenderson and Streen（2015, p.327）を援用して“Purpose”を「利益極大化の目的を超えた，企業の確固たる目的や目標」（“a concrete goal or objective for the

---

17　以下より入手可能。https://opportunity.businessroundtable.org/wp-content/uploads/2019/09/BRT-Statement-on-the-Purpose-of-a-Corporation-with-Signatures-1.pdf（最終閲覧日：2020年11月11日）

18　「脱・株主至上主義」の根拠とされる株主の短期志向の弊害が本当に存在するのか。弊害の存在を疑問視する研究成果を田中亘（2019；2020）は簡潔に整理している。
またBebchuk and Tallarita（2020a；2020b）はBRTの宣言の内容そのもの，そして署名はCEOの承認は得ているものの取締役会の承認は受けていないとして，宣言自体と宣言にいたる過程の双方を批判している。Bebchuk and Tallarita（2020a）に対してMayer（2020）は，株主とステークホルダーを対立した概念と捉えるのではなく，それぞれの課題を克服する取り組みが求められると主張している。

firm that reaches beyond profit maximization”）（Gartenberg, Prat and Serafeim, 2019, p.1）と定義して，企業組織の内部で共有されている“Purpose”が株価や財務業績に影響すると考えている（Gartenberg and Serafeim, 2016；セラフェイム, 2019）[19]。外部の株主による監視が影響すると考えるエージェンシー理論を基礎にする研究とは明らかに異なっている。

“Pursose”を表題に含むBRTの声明の背景には，こうした研究の存在も指摘できる。声明発表の直後，ガーデンバークらは“181 Top CEOs Have Realized Companies Need a Purpose Beyond Profit”（「米国トップ企業の経営者181人が株主資本主義との決別を宣言」）との小論を公表して「企業は自社の利益の最大化だけでなく，パーポス（Purpose）の実現も目指すべきだという姿勢を表明したことは，注目に値する」（Gartenberg and Serafeim, 2019, 邦訳）と肯定的な評価を見せている。

### 2-2-3　2020年のダボス会議など：「ステークホルダー主義」の動き

また2020年１月，世界経済フォーラム（WEF：World Economic Forum）の年次大会（ダボス会議）にて創設者・主宰者のクラウス・シュワブ（Klaus Schwab）が最初から提唱していた「ステークホルダー主義」が再確認された（Schwab, 2020）。これは創設当初からの「企業は，株主だけでなく，すべてのステークホルダー（従業員，供給業者，地域社会など）に利益にもたらすべきという考え方」である[20]。WEFがこうした考え方を持って始まったのは，「フリードマン・ドクトリン」が提唱されたのと同じ頃の1971年であった。1973年に提出された“The Davos Manifestro −1973−”においては“A. The purpose of professional management is to serve clients, shareholders, workers and employees, as well as societies, and to harmonize the different interests of the stakeholders.”と明確に主義が打ち出されている[21]。2020年に

---

19　ガーデンバークやセラフェイムの論考（Serafeim and Gartenberg, 2016）の邦訳を含め，『DIAMONDハーバード・ビジネス・レビュー』では「PURPOSE」（2019年３月号），「Pursose Branding」（2020年10月号）の特集も組まれている。

20　WEFの以下のウェブサイトより。https://jp.weforum.org/agenda/2020/01/fo-ramu50-no-tokorekara-nohairaito-soshitesono-he/（最終閲覧日：2020年11月11日）

提出された新たな「ダボス・マニフェスト」においても“A. The purpose of a company is to engage all its stakeholders in shared and sustained value creation.”と再度，ステークホルダー主義が再確認されたのである[22]。会議での議論は企業統治・経営の枠にとどまるものではなく，「持続可能な開発目標(SDGs)」といった社会全体や資本主義のあり方にも及び，セールスフォース・ドットコム（Salesforce.com）のマーク・ベニオフ（Marc Benioff）会長兼共同最高経営責任者の「私たちがなじんできた資本主義は終わりました。株主のために利益を最大化することだけが大切という妄念こそが，気候変動による危機的状態を招いたのです」との発言は広く報道がなされた[23]。

くわえて，米連邦議会民主党のエリザベス・ウォーレン（Elizabeth Warren）上院議員が2018年８月に上院に提出した「説明責任ある資本主義法案」（ACA：Accountable Capitalism Act）も，ステークホルダー主義の立場から企業は株主だけでなく，従業員，顧客，地域社会など，多様なステークホルダーに向けて説明責任を法的に負う存在とされていた。ACAは５点を主に規定することを通じて，米国に置いて長年，問題視されてきた所得格差の拡大の是正を目するものとされていた。主たる規程の１つは「米国の大企業は，『アメリカ合衆国株式会社（United States Corporation)』という連邦免許を取得し，その取締役（Director）は，全てのステークホルダーに対して社会的責任を負う」であり，また，「アメリカ合衆国株式会社は，その取締役について，少なくとも40％は当該企業の従業員から選出されなければならない」（岡田，2018，２頁）であった。2020年の大統領選挙の民主党の大統領選候補となったウォーレン議員は，これに沿った主張を繰り広げた。同じく候補となったバー

---

21 WEFの以下のウェブサイトより。https://www.weforum.org/agenda/2019/12/davos-manifesto-1973-a-code-of-ethics-for-business-leaders/（最終閲覧日：2020年11月11日）

22 WEFの以下のウェブサイトより。https://www.weforum.org/agenda/2019/12/davos-manifesto-2020-the-universal-purpose-of-a-company-in-the-fourth-industrial-revolution/（最終閲覧日：2020年11月11日）

23 WEFの以下のウェブサイトより。https://jp.weforum.org/agenda/2020/01/8tsunotopikkude-ri-ru-2020/（最終閲覧日：2020年11月11日）
ベニオフの資本主義のあり方に関する主張については，Benioff and Langley（2019）を参照。

ニー・サンダース（Bernie Sanders）上院議員も同様に取締役を従業員から選出することなど，従業員の利益拡大を求める主張を展開した[24]。

### 2-2-4 「脱・株主至上主義」の主張の背景

既述のようにHall and Soskice（2001）の提唱した「資本主義の多様性（VOC：Varieties Of Capitalism）」の議論において，日本とドイツは「調整された市場経済（CME：Coordinated Market Economies）」を持つ国家の代表として取り上げられた。CMEの国々では，組織・ネットワークを活かした形で経済・経営活動が展開される。企業経営の目的として「社会一般への責任」が求められる。経営成果も安定性・継続性やさまざまなステークホルダーの利益・満足の点から評価がなされる。一方で米国や英国に代表されるのが「自由な市場経済（LME：Liberal Market Economies）」を持つ国々である。LMEの国々では，市場取引が基礎となって経済・経営活動が展開される。企業経営の目的として「株主の利益の最大化」が求められる。経営成果も短期的利益や株式価値で測られる傾向が強く見られる。広田（2019）では，こうした分類にもとづき米*Fortune*が発表する"Fortune Global 500"に1994年から15年にランクインした世界の大企業（製造業）を対象にして，CMEの国としてドイツ，フランス，日本，LMEとして米国，英国を取り上げ，利益の面（総資産利益率-ROA，自己資本利益率-ROE）と雇用の面（従業員の年増加率，大規模な雇用削減をする確率）における比較が行われた。

結果は，米国・英国の企業は利益の面，両方が高かった。一方の雇用の面では，フランス，ドイツ，日本の方が従業員数の年増加率が高く，大規模な雇用削減をする確率も低かった。所得格差を示すジニ係数についても，後者の方が低かった。しかし雇用者1人当たり実質経済成長率は前者の方が高かった。各国の資本主義のあり方に企業の取り組みや成果は左右されるが，経済や社会の環境変化に応じて，取り組みや成果に変化も見られる。この20年間の株式市場

---

24　2020年3月のAT&Tや同年6月のウォールマート（Walmart）においては，従業員代表の取締役選出の株主提案があった（会社側が反対，否決）。ウォーレン議員やサンダース議員が主張するドイツに観察されるような制度は米国には存在せず，また会社法研究の立場から導入に異を唱えるものとして例えば，Dammann and Eidenmueller（2020）がある。

のグローバル化にともない株主のグローバル化，その要求の高まりが観察され，ドイツや日本の企業も利益重視の取り組みに向かった。ドイツ企業，日本企業ともにROEの大幅な上昇が確認される。

一方，こうした経済などの環境変化のなか「LMEの国では株主第一の企業経営，効率重視の資本主義は，経済・社会格差の拡大の問題を生んだ」と広田（2019）は結論づける。また，こうした問題が「18年の英国のコーポレートガバナンス・コードの改定や，今回のビジネス・ラウンドテーブルの声明など，株主第一からステークホルダー重視経営への転換を促す動きになったと考えられる」と転換が主張される背景が説明される[25]。

### 2-2-5　会社の新たな形の模索

株主以外のステークホルダーとの関係に軸足を移す考え方が台頭するなかで注目を集めたのが，フランスにおいて2019年に制定された会社の新たな形である「使命を果たす会社（Entreprise à Mission）」であろう。営利法人たる会社が，利益だけでなく社会や環境の改善を目的とすることを明記できる。2020年6月の株主総会にて株主の99％以上からの支持を得て上場企業で第1号となったのが食品大手のダノン（Danone S.A.）であった[26]。定款変更が認められ「使命を果たす会社」となり，「製品を介した健康の改善」「地球資源の保護」「将来を従業員と形成すること」「包摂的な成長」の4つの新たな目的が組み入れられた。ダノンの取締役は，これら目的に対して責任を負うこととなった。くわえて独立した第三者の立場として「ミッション委員会」が設置され，同委員会が取締役会を監視し，目的の達成を促す仕組みとなっている。委員会は外部の有識者にくわえて，ダノンの従業員の代表や労働組合の国際的な組織の代表

---

25　比較の期間や国などを拡大した研究が，広田（2020）に報告されている。
また転換の背景を論ずる諸々が，雨宮（2020）に簡潔に要約されている。

26　ここでの記述は，以下を参考にしている。「人・自然重視の資本主義に：仏ダノン「使命を果たす会社」に　ファベール会長兼CEO」『日本経済新聞』（2020年8月9日付け朝刊），ダノンジャパン（株）によるプレスリリース「ダノン，上場企業初となる『Entreprise à Mission（使命を果たす会社）に：年次株主総会において満場一致で採択』（https://danone-cms.s3-ap-northeast-1.amazonaws.com/cp_topic_body/pdf_path_5ef951edd5e3d.pdf）（最終閲覧日：2020年11月11日）。

も含む10名から構成されている[27]。

## 3　ドイツ企業への注目：特に「よいこと」に関する注目

### 3-1　共同決定制度へのドイツからの批判

株主以外のステークホルダーへの配慮，さらに，より広範に社会全体への配慮も企業経営に求められる状況を確認してきた。ステークホルダーのなかでも，英国のCGコードや米国における議論を確認するに，従業員の利害への配慮が相当に求められていることは明らかであろう。

ドイツにおいても1990年代からの資本市場に関わる制度整備が進められ，例えば事業会社の株式売却を促す税制上の措置が取られ，ドイツ銀行を代表とする取引先との強固な株式持ち合い解消が急速に進展した。また2002年には，ドイツ版のCGコードも導入された。資本主義の多様性に関わる議論の中で日本同様，「調整された市場経済（CME）」の代表とされてきたドイツも，その姿の見直しが進められたのであった。

工藤（2009）で「アメリカ化」と呼ばれる変化が観察されるなかで，企業レベルのみならずドイツ社会の全般に根付いてきた共同決定制度に対しても，その存在の是非を問う動きが出てきた。ドイツの企業統治の仕組みを最も特徴づ

---

27　株主の利益だけでなく多様なステークホルダー，さらには公益をも目的とする米国の「ベネフィット・コーポレーション（Benefit Corporation）」はすでに，2010年のメリーランド州での立法化を最初として現在（2020年9月）の段階で全米37州で立法化されている。くわえて4つの州でも，立法化の動きがある（https://benefitcorp.net/policymakers/state-by-state-status）（最終閲覧日：2020年11月11日）。立法化を進める運動を繰り広げている団体であるB Labは「ビジネスの力で社会・環境問題を解決する」ことを目的として設立された。同団体は立法化の支援にくわえて，社会貢献も重きを置く企業を認証する活動も繰り広げており，認証された企業が「認定Bコープ（Certified B-Corp）」と呼ばれる企業である。こうした動向については例えば，高岡（2018）や田村（2020b）を参照。
また，英国の百貨店であるジョン・ルイス（John Lewis）に観察される従業員所有の形を採用する企業体，スペインのモンドラゴン協同組合企業（Corporación Mondragón）といった協同組合の形の企業体の運営にも注目が集まっている。それらについては例えば，Hansmann（1996），細川（2015），Fahnbulleh（2020）を参照。
英米における公益を目する企業に関わる法制度については，奥平（2020）が詳細である。

ける「共同決定」制度は，戦後のドイツ経済を特徴づけた社会主義的市場経済の中核に位置するものであった。それゆえ，ドイツにおいて共同決定制度を批判することは長年にわたってタブーとされてきた。制度と直面する経営者たちにとっても，公然と批判することは避けられてきた（ハイン，2007）。

オープンな批判がタブーとなってきた共同決定制度であったが，ドイツ企業の「アメリカ化」が進展し，また，特に2000年代前半にドイツ経済の低迷した時期から公然と批判がなされるようになった。2004年から施行された欧州会社（SE：Societas Europaea）制度がドイツの会社に根付いてきた共同決定制度から離れた形の統治体制の選択を認めたことも，ドイツ本国における議論を後押しした。

たとえば，産業界の立場のあるものとしてその発言に注目が集まったのが，ドイツ産業連盟（BDI：Bundesverband der Deutschen Industrie）の会長を務めたヘンス-オラフ・ヘンケル（Hans-Olaf Henkel）であった。同連盟は日本でいえば日本経済団体連合会（経団連）に該当する。同氏は米IBMの欧州部門のドイツIBMに入社，トップを務めた経験を持つ。IBMでの勤務は33年間，約半分の17年はドイツ国外とのキャリアであった。ヘンケルは「日本，米国，ドイツと並べた時に世界的に最も奇妙なシステムを持っているのはドイツだと思う」「特異なのは監査役会を中心とした（労使による）共同決定の方式だ。監査役会の半数にあたる十人は従業員が選出し，そのうち通常，三人は外部の労働組合のメンバーだ。こういうシステムはどの国も真似たいとは思わないだろう（『日経産業新聞』2001年５月23日付」)」との認識を示しており，また，共同決定方式の短所を以下のように指摘している[28]。

「経営が意思決定するスピードが遅くなる。その理由は従業員は会社が欠損を出して初めてリストラを受け入れるという立場を取るから。また取締役会と

---

28　直後に触れるサイプト（2011）は，共同決定制度の短所として「従業員代表は，ある意味で『買収防衛』として機能する。というのも，支配権が第三者に取得された後も持分権者代表のみ交代させられ得るにすぎないからである」と述べた後，「見方によっては，これはメリットともいえる」と補足している。また経済産業省の調査では長所として「敵対的な買収の抑止」を指摘している。ヘンケルの考え方は明らかに，買収防衛，買収の抑止として機能する可能性がある共同決定制度を制度が持つ短所と考えるものである。

監査役会を合わせると規模が大きくなり，本当にオープンな議論が難しい（『日経産業新聞』2001年５月23日付）」

また意思決定の遅れにも関わって，そもそも，経営を担う人物の選任過程にも問題があることも指摘している。

「この制度のせいで，実力よりは人気で経営者が選ばれがちになる。八方美人的経営をしていると，意思決定が遅れてしまう（『日経ビジネス』2000年２月14日号，131頁）」

産業界のみならず学会からも批判の声は上げられた。例えばベルリンにある大学の研究者から構成されるコーポレート・ガバナンスに関するベルリン・ネットワーク（Berliner Netzwerk Corporate Governance）も同じく2004年に見直し案を提示した。案ではたとえば，監査役会から従業員代表を排除することが主張されている[29]。

しかしながら現状において，ドイツには共同決定制度が厳然と存在を見せている。また述べてきたようにステークホルダーのなかでも，特に従業員の利害への配慮を重視する方向に進んでいる。

しかし現在にいたるまでには，制度を当然に存在するものと認識してきたわけではなかった。企業間競争がグローバルかつ熾烈なものとなっている状況下にあって，存在することが各企業の競争力にいかなる影響を及ぼすのか。その長所・短所を見極め，根を張ってきた制度とはいえ，必要とあらば制度の見直しを検討すべきとの議論が高まっていたのである。ドイツの企業統治の仕組みを最も特徴づける「共同決定」制度のあり方についても相当な議論がなされてきたのである。

## 3-2　共同決定制度への日本から注目

ドイツ国内にて批判があった当時，日本の経済産業省は共同決定制度につい

---

29　主張については，吉村・堀口（2013）の「5 むすびにかえて」に説明がある。

ての詳細な調査を実施している。その背景にあったのは，2009年からの民主党による公開会社法の制定に向けての動きの活発化であった（太田，2010）。そのなかに「従業員代表監査役」の案が盛りこまれた。これがドイツの制度に範を取るものと見なされ（鈴木，2009；関，2010a；2010b），こうした調査が実施されるにいたった[30]。

経済産業省の調査ではまず，制度の長所を以下のように整理している（経済産業省産業組織課，2009；田端，2010）。

- 労使の信頼関係が形成（実際，ドイツはストライキがほとんどなく，今回の金融危機時においても，労使が歩み寄り賃金カットの代わりに解雇せずの対応）。
- いったん意思決定されるとその執行は円滑。
- 労働者が経済の仕組みを理解するようになり，企業に対する忠誠心を高める。
- 敵対的な買収の抑止。

長所のこうした整理は一般的なものであり，例えば企業法務を専門とする弁護士であるクリストフ・H・サイプトは長所として以下の２点を指摘している（サイプト，2011，42頁）[31]。

- 監査役の職務遂行に事業上のノウハウおよび（全国規模の産業別労働組合による）客観的な産業に関する視野を取り込むことができる。
- 監査役会で議論され，決議された措置につき，従業員代表が従業員一同への仲介役（「伝動ベルト」）として機能する（この結果，ドイツにおいては，国際的にみるとストライキ率が非常に低い）。

---

30　くわえて経済界・法曹関係者による実態調査や積極的な提言も実施された。その結果などについてはたとえば，新津（2011），葉玉（2011a；2011b），葉玉・安原（2011），松井（2011a；2011b）を参照。
民主党の提案とは異なる部分も多々あるが，経営者の任免・監視に従業員をより参加させる仕組みについては，伊丹（1999；2000）をはじめとし複数の提案があった。それらについては，吉村（2007）の特に第５章を参照。

31　サイプトは，ロースクールの特任教授の肩書も持ち法学研究にも従事している。弁護士としては主たる仕事は上場企業への助言であり，ドイツ企業の複数の監査役会の構成員でもある。そのため，ドイツ企業の共同決定の現場を熟知するものであるといえよう。

従業員（の代表）が高位の意思決定に参加する形での労使協働により，経営戦略の策定において幅広く情報が収集・分析され，その策定された戦略の実施においても，高いコミットメントをもつ従業員により円滑に事が運ぶと考えられたのである。

次に短所である。経済産業省の調査は，以下のように指摘している。

- 労働者代表監査役員は保守的な経営戦略を支持する傾向が強し。
- セクショナリズムが持ち込まれることにより，意思決定に時間を要する，あるいは，情報漏洩の恐れ。
- 事業所委員会の幹部が監査役員として選任。監査役会の議論に敗れても，事業所委員会の共同決定権を利用して議論の巻き返しの可能性。

サイプト（2011，42-43頁）でも同様に以下のように短所が指摘されている。

- 企業共同決定制度のために，監査役会の人的構成は，①規模が大きすぎ（人数等が法定されているため），②内向き（国内指向）の傾向が強すぎ（選挙権および被選挙権はドイツ国内で従事している従業員にのみ付与されているため），③利益代表的な傾向が強すぎる（従業員代表は労働および社会保障に関する問題にのみ関心を集中させる）。
- 監査役会の人的構成は，決定プロセスの遅延の原因となる。
- 共同決定制度は，取締役と監査役会における従業員代表との間の馴れ合い（back scratching）を招く。
- 従業員代表は，ある意味で「買収防衛」として機能する。というのも，支配権が第三者に取得された後も持分権者代表のみ交代させられ得るにすぎないからである（見方によっては，これはメリットともいえる）。ドイツの独自路線（deutscher Sonderweg）は，英米のファンドから効率的とはみなされず，資本市場におけるディスカウントを招く。

従業員（の代表）が高位の意思決定する形ゆえに，場合により利害調整に多大なる労力を要する。経営戦略の策定において決定までに時間を要することがあり，また，実施においても円滑とはいかない可能性もある。長所の裏返しとしての，こうした短所が指摘されているのである。

公開会社法は制定にはいたらず，日本において監査役会ないしは取締役会に従業員代表が入ることは現在も法定はされていない。

企業経営・統治の「アメリカ化」が進展する過程で批判を浴びつつ，共同決定制度はドイツに存続している。日本企業の統治のあり方についても，答えが提出されているわけではなく，現在も議論は継続している。そうした状況を考えれば，「アメリカ化」の過程において，制度の内実がどのように変化を見せ，また，存続している理由を探ることは，英国のCGコードにて従業員の統治への関与が相当に踏み込んだ形での規範となっていることも考慮に入れれば，日本企業の統治のあり方，特に従業員の関与のあり方を検討するに，大いなる価値があるものと考えられよう（神作，2019）[32]。

## 3-3　会社・統治形態の模索

前節の最後の「新たな形の模索」にて脚注も含めて，新たな経営目的の達成のために新たな会社形態が生み出されていることを論じた。

ドイツは伝統的に，事業活動のために多種多様な会社形態を準備してきた（高橋，2012；吉森，2015）。そうした会社形態を巧みに活用して，短期的な利益を希求する株主から企業経営を隔離する工夫を施してきた。Mayer（2013；2019）は統治における長期保有する大株主の役割，コミットメントを持つ利害関係者を重視しているが，世界的な企業であっても長きにわたり，そして現在においても，その役割を産業財団や創業家などに委ねつつ良好な経営状態を維持している会社が数多い。例えば産業財団の傘下にあるカールツァイス（Carl Zeiss AG）については野藤（1990；2008；2012），ボッシュ（Robert Bosch GmbH）をはじめとする各社については吉森（2015）に研究がある。

こうした研究に依拠しつつ，より数多くの事例分析を積み重ねることは統治のあるべき姿の再検討に資することとなろう。

---

32　吉村・堀口（2013）には，その段階までの共同決定制度に関わる日本における研究がリストアップされている。同論文以降の代表的な研究には例えば，海道（2013）や久保・海道（2013）に所収の論文，「アメリカ化」の進展の過程におけるフォルクスワーゲンの共同決定制度・監査役会の変化（進化）について論じた山口（2014），近年では大橋（2020）が制度成立の過程についての再検討を行っている。

## 4　おわりに

本書でなぜ，ドイツ企業の統治・経営に注目するのか。本章では特に，「よいこと」に関わる部分について世界的に議論が高まっており，株主と従業員をはじめとする多様な利害関係者と企業の関係のあり方が大きく問われていることを確認した。統治・経営に向けて独自の制度を構築してきたドイツ企業でも，そうした制度のあり方が問われ，問われ続けている。「よいこと」に関わる議論が終わりを見せないなか，ドイツ企業がいかなる変化を遂げていくのかは注目するに値すると指摘できよう[33]。

最後となったが，「上手に」に関わっても注目に値することを簡単に述べていこう。大規模企業のなかで「上手に」の模範であり続けてきた代表的な会社の1つはゼネラル・エレクトリック（GE：General Electric）であろう。同社は「技術進化が激しいテクノロジー企業としては稀に見る長寿企業である。そして単に生き残っているだけでなく，世界をリードする存在であり続けている。同社の経営の歴史を振り返ると，その時代の最先端とされる経営理論を実践しながら，絶え間ない変革を遂げてきた」（琴坂，2017，75頁）と評されるに値する会社であった。1999年に米*Fortune*誌から「20世紀最高の経営者（Master of the Century）」と呼ばれたのは同社のジャック・ウェルチ（Jack Welch）であった。しかしながら現在，同社の経営の状態は良好なものではなく，現在は社外から招き入れた経営者による再建途上にある。2018年には，創設時からの構成銘柄であったダウ工業株30種平均の構成銘柄からも外された。

一方で，GE，そして日本の日立製作所，三菱電機，東芝などと並んで重電各社とされるシーメンス（Siemens AG）については「伝統的な米国企業はいまひとつ元気がない。日本企業が参考にしてきたゼネラル・エレクトリック（GE）は電力事業の減損損失などで18年度は巨額赤字を計上，時価総額でもシーメンスの後塵を拝する」（『日経ビジネス』2019年5月27日号，31頁）との

---

33　「よいこと」と「上手に」の両方に関わるものとして，いわゆる「働き方」に関する議論もあろう。これについても，ドイツの議論は参考になり得る。例えば最近の研究には，ボッシュなどにおける働き方改革を具体的な分析を含む田中洋子（2019；2020）がある。

評価となっている。

菊澤（2020）は現状，日本の経済を支えているのは製造業であり，生存能力のある著名な製造企業は多いとしたうえで「日本人は，GAFA（Google, Apple, Facebook, Amazon）などの華やかな米国企業の動向に気を取られがちだが，実は日本が学ぶべきはドイツなのである。ドイツも伝統的に製造業が強く，日本と同じような問題を抱えているからである」（123頁）と指摘する。そして，米国と中国との競争に勝ち抜くためにドイツは官民挙げて「インダストリー4.0」の名の下にデジタル化を推し進めてきており，その中心となっている企業がシーメンスであるとする。「製造業のデジタル化は，米国GE社がはじめたものである。しかし，いまやシーメンス社がGE社を越える存在となっている」（123頁）とし，シーメンスをはじめとするドイツ企業は，ドイツの製造業を支えてきた伝統的なマイスター制度の強みを活かしつつ，一方で最新のデジタル化技術を磨き上げているとする。「両利き経営論」（O'Reilly and Tushman, 2016）の指摘するところの，前者は「知の深化」と後者の「知の探索」の巧みな組み合わせに注目することを主張している。共同決定制度が存続しているなかでの，シーメンスを含めての事業再編なども注目に値しよう（神田他，2020）[34]。

くわえてドイツの中堅・中小企業の統治・経営にも，さらなる注目が注がれる必要があろう。ドイツのそれらの少なからずは大企業を凌駕するスピードで成長を見せ，他の欧州諸国と比較したときに付加価値や雇用者数の両面で伸びを見せている。総資本利益率も高い。こうした企業群はドイツ各地に点在し地域（そして国家）の経済の支柱となっており，「ミッテルシュタント（Mittelstand）」と呼ばれている（黒川，2019）。それらはまた，企業経営の面で見れば輸出志向が強く，ニッチな分野で世界的なシェアを誇る「隠れたチャンピオン企業（Hidden Champions）」（Simon, 2009）であり[35]，企業統治の面

---

34　歴史的な発展も踏まえつつ，ドイツ企業の統治・経営の実態について詳細な研究を押し進めているのは例えば，山崎（2009；2013；2019）であろう。そうした研究を踏まえつつ，さらなる研究の蓄積が求められよう。

35　脚注4で述べたように日本と比べたときドイツの場合には，数量よりも価格上昇が輸出拡大の基本となってきた。この背景には，こうした企業群の存在がある。

で見ればそのほとんどが家族経営，同族経営となっている。日本の各地域の経済の重要な担い手は各地の中堅・中小企業であり現在，その経営の高付加価値化が求められている。また同時に，それらの多くは家族経営であり，家族からの経営者育成・選抜も含めていかに事業承継を進めていくのかが大きな課題となっている。難波・福谷・鈴木（2013），岩本（2015；2016；2017），細谷（2014；2017），藤本・牧田（2015），藤本・大竹（2019）などをはじめとしてドイツのそれらから学ぶ研究は進みつつあるが，学ぶ重要性を考えれば，研究のさらなる蓄積が求められよう。

## 【参考文献】


Andrews, K. R.（1971）*The Concept of Corporate Strategy*, Dow Jones-Irwin.（山田一郎訳『経営戦略論』産業能率短期大学出版部，1976年）

Andrews, K. R.（Ed.）（1989）*Ethics in Practice: Managing the Moral Corporation*, Harvard Business School Press.

Bebchuk, L. and R. Tallarita（2020a）The Illusory Promise of Stakeholder Governance, Harvard Law School Forum on Corporate Governance（https://corpgov.law.harvard.edu/2020/03/02/the-illusory-promise-of-stakeholder-governance/）（最終閲覧日：2020年11月11日）.

Bebchuk, L. and R. Tallarita（2020b）Was the Business Roundtable Statement on Corporate Purpose Mostly for Show? -（1）Evidence from Lack of Board Approval, Harvard Law School Forum on Corporate Governance（https://corpgov.law.harvard.edu/2020/08/12/was-the-business-roundtable-statement-on-corporate-purpose-mostly-for-show-1-evidence-from-lack-of-board-approval/）（最終閲覧日：2020年11月11日）.

Benioff, M. and M. Langley（2019）*Trailblazer: The Power of Business as the Greatest Platform for Change*, Crown Publishing Group.（渡部典子訳『トレイルブレイザー――企業が本気で社会を変える10の思考―』東洋経済新報社，2020年）

Berle, A. and G. Means（1932）*The Modern Corporation and Private Property*, Macmillan Company.（森杲訳『現代株式会社と私有財産』北海道大学出版会，2014年）

Bower, J. L. and L. S. Paine（2017）The Error at the Heart of Corporate Leadership, *Harvard Business Review*, 95（３）: 50-60.（有賀裕子訳「健全な資本主義のためのコーポレートガバナンス」『DIAMONDハーバード・ビジネス・レビュー』第42巻第12号，pp.12-30）

Christensen, C. M. and D. van Bever（2014）The Capitalist's Dilemma, *Harvard Business Review*, 92（６）: 60-68.（有賀裕子訳「資本家のジレンマ」『DIAMONDハーバード・ビジネス・レビュー』第39巻第12号，pp.24-37）

Dammann, J. and H. Eidenmueller（2020）Codetermination: A Poor Fit for U.S. Corporations, European Corporate Governance Institute-Law Working Paper No. 509/2020（https://ssrn.com/abstract=3565955）（最終閲覧日：2020年11月11日）

Drucker, P. F.（1993）*Post-Capitalist Society*, Harper Business.（上田惇生訳『ポスト資本主義社会』ダイヤモンド社，2007年）

Drucker, P. F.（1999）*Management Challenges for the 21st Century*, Harper Business.（上田惇生訳『明日を支配するもの―21世紀のマネジメント革命―』ダイヤモンド社，1999年）

Ewing, J. F.（2017）*Higher, Farther: The Volkswagen Scandal*, W W Norton & Co Inc.（長谷川 圭・吉野弘人訳『フォルクスワーゲンの闇―世界制覇の野望が招いた自動車帝国の陥穽―』日経BP，2017年）

Fahnbulleh, M.（2000）The Neoliberal Collapse: Markets Are Not the Answer（https://www.foreignaffairs.com/articles/united-kingdom/2019-12-10/neoliberal-collapse）（ネオリベラリズムの崩壊と新社会契約―社会民主主義では十分ではない―）『フォーリン・アフェアーズ・レポート』２月号，2020年，pp.14-20）（最終閲覧日：2020年11月11日）

Fox, J.（2009）*The Myth of the Rational Market: A History of Risk, Reward, and Delusion on Wall Street*, Harper Business.（遠藤真美訳『合理的市場という神話―リスク，報酬，幻想をめぐるウォール街の歴史―』東洋経済新報社，2010年）

Friedman, M.（1970）The Social Responsibility of Business Is to Increase Its Profits, *New York Times Magazine*, 13 September: 122-126.

Gartenberg, C. and G. Serafeim（2019）181 Top CEOs Have Realized Companies Need a Purpose Beyond Profit, HBR.org. August 20（https://hbr.org/2019/08/181-top-ceos-have-realized-companies-need-a-purpose-beyond-profit）（「米国トップ企業の経営者181人が株主資本主義との決別を宣言」（https://www.dhbr.net/articles/-/6147）（最終閲覧日：2020年11月11日）

Gartenberg, C., A. Prat and G. Serafeim（2019）Corporate Purpose and Financial Performance, *Organization Science*, 30（１）: 1-18.

George, B.（2003）*Authentic leadership: Rediscovering the Secrets to Creating Lasting Value*, Jossey-Bass.（梅津祐良訳『ミッション・リーダーシップ―企業の持続的成長を図る―』生産性出版，2004年）

Germano, S.（2019）Germany Inc. Shudders as Deutsche Bank, Others Face Upheaval, *The Wall Street Journal*, July 15.

Hall, P. A. and D. Soskice（Eds.）（2001）*Varieties of Capitalism: The Institutional Foundations of Comparative Advantage*, Oxford University Press.（遠山弘徳・安孫子誠男・山田鋭夫・宇仁宏幸・藤田菜々子訳『資本主義の多様性―比較優位の制度的基礎―』ナカニシヤ出版，2007年）

Hansmann, H.（1996）*The Ownership of Enterprise*, Harvard University Press.（米山高生訳『企業所有論―組織の所有アプローチ―』慶應義塾大学出版会，2019年）

Henderson, R. and E. Van den Steen（2015）Why do Firms have "Purpose"? : The Firm's Role as a Carrier of Identity and Reputation, *American Economic Review*, 105（５）:

326-330.

Jensen, M. C. and W. H. Meckling, Theory of the Firm: Managerial Behavior, Agency Costs, and Ownership Structure, *Journal of Financial Economics*, 3（4）: 305-360.

Kotler, P.（2015）*Confronting Capitalism: Real Solutions for a Troubled Economic System*, AMACOM.（倉田幸信訳『資本主義に希望はある―私たちが直視すべき14の課題―』ダイヤモンド社，2015年）

Mayler, C.（2013）*Firm Commitment: Why the Corporation is Failing Us and How to Restore Trust in It*, Oxford University Press.（宮島英昭監修・清水真人・河西卓弥訳『ファーム・コミットメント―信頼できる株式会社をつくる―』NTT出版，2014年）

Mayler, C.（2019）*Prosperity: Better Business Makes the Greater Good*, Oxford University Press.

Mayer, C.（2020）Shareholderism Versus Stakeholderism: A Misconceived Contradiction. A Comment on 'The Illusory Promise of Stakeholder Governance' by Lucian Bebchuk and Roberto Tallarita, *European Corporate Governance Institute – Law Working Paper* No. 522/2020（http://dx.doi.org/10.2139/ssrn.3617847）（最終閲覧日：2020年11月11日）

Mintzberg, H.（2015）*Rebalancing Society: Radical Renewal Beyond Left, Right, and Center*, Berrett-Koehler Publishers.（池村千秋訳『私たちはどこまで資本主義に従うのか―市場経済には「第３の柱」が必要である―』ダイヤモンド社，2015年）

Mitchell, N. J.（1989）*The Generous Corporation: A Political Analysis of Economic Power*, Yale University Press.（井関利明監修・松野弘・小阪隆秀監訳『社会にやさしい会社』同友舘，2003年）

O'Reilly, C. A. and M. L. Tushman.（2016）*Lead and Disrupt: How to Solve the Innovator's Dilemma*, Stanford Business Books.（入山章栄監訳・渡部典子訳『両利きの経営―「二兎を追う」戦略が未来を切り拓く―』東洋経済新報社，2019年）

Rock, E. B.（2020）For Whom is the Corporation Managed in 2020? : The Debate over Corporate Purpose, European Corporate Governance Institute – Law Working Paper No. 515/2020（https://ssrn.com/abstract=3589951）（最終閲覧日：2020年11月11日）

Schwab, K.（2000）Capitalism Must Reform to Survive: From Shareholders to Stakeholders（https://www.foreignaffairs.com/articles/2020-01-16/capitalism-must-reform-survive）（「資本主義を救う改革を―株主資本主義からステイクホルダー資本主義へ―」『フォーリン・アフェアーズ・レポート』２月号，2020年，pp.32-37）（最終閲覧日：2020年11月11日）

Serafeim, G. and C. Gartenberg（2016）The Type of Purpose That Makes Companies More Profitable, HBR.org, Octoerber 21（https://hbr.org/2016/10/the-type-of-purpose-that-makes-companies-more-profitable）（最終閲覧日：2020年11月11日）.（編集部訳「パーポスは収益を左右するのか」『『DIAMONDハーバード・ビジネス・レビュー』第44巻第３号，pp.98-99）

Simon, H.（2009）*Hidden Champions of the 21st Century : The Success Strategies of Unknown World Market Leaders*, Springer.（上田隆穂監訳・渡部典子訳『グローバルビ

ジネスの隠れたチャンピオン企業―あの中堅企業はなぜ成功しているのか―』中央経済社，2012年）

雨宮愛知（2020）「株主が主導するステークホルダー主義への転換―米国における脱株主第一主義の動き―」『証券アナリストジャーナル』第58巻第11号，pp.30-40。
伊丹敬之（1999）「コア従業員による経営者の牽制」『国民経済雑誌』第180巻第１号，pp.17-35。
伊丹敬之（2000）『日本型コーポレートガバナンス―従業員主権企業の論理と改革―』日本経済新聞社。
一ノ澤直人（2019）「英国におけるコーポレートガバナンス改革とCGコードの改訂―わが国の今後の会社法制改革への示唆を求めて―」『法学論集』第51巻第３・４号，pp.327-360。
伊藤邦雄（2007）「ピーター・ドラッカー『断絶の時代』」日本経済新聞社編『経済学 名著と現代』pp.250-264，日本経済新聞社。
伊藤博之（2012）「コーポレート・ガバナンス論の系譜学―『よい統治』の探求をめぐる『現在の歴史』―」『滋賀大学経済学部研究年報』第19巻，pp.66-74。
伊藤博之（2013）「組織統治論の構想―企業文化論と統治性の交差点から考える―」『滋賀大学経済学部研究年報』第20巻，pp.1-22。
伊藤博之（2014）「カリスマ幻想と組織統治の解体―なぜヒューレット・パッカード社はCEOを社外から招聘したのか―」『滋賀大学経済学部研究年報』第21巻，pp.21-43。
伊藤博之（2016）「組織論と組織統治論１―Barnard著『経営者の役割』の統治的理性をこえて―」『彦根論叢』第410号，pp.24-38。
伊藤博之（2017a）「経営戦略論とよいことの関係」吉村典久・田中一弘・伊藤博之・稲葉祐之『企業統治（ベーシック＋）』pp.170-188，中央経済社。
伊藤博之（2017b）「組織論と組織統治論２―『Simonの組織論』と『組織の道徳化』―」『滋賀大学経済学部研究年報』第24巻，pp.1-19。
伊藤博之（2019）「組織統治・倫理・パレーシア―企業統治論と組織論のアポリアをこえて―」『彦根論叢』第422号，pp.4-13。
岩本晃一（2015）「『独り勝ち』のドイツから日本の『地方・中小企業』への示唆―ドイツ現地調査から―」RIETI/Policy Discussion Paper，15-P-002（最終閲覧日：2020年11月11日）。
岩本晃一（2016）「中小企業のグローバル展開―日独比較―」RIETI/Policy Discussion Paper, 16-P-010（最終閲覧日：2020年11月11日）。
岩本晃一（2017）「ドイツの『隠れたチャンピオン（Hidden Champion）』はなぜグローバル化に成功したか」RIETI/Policy Discussion Paper, 17-P-032（最終閲覧日：2020年11月11日）。
上田亮子（2018）「英国コーポレートガバナンス・コード改訂と日本への示唆」『月刊 資本市場』第395号，pp.24-34。
内ヶ﨑茂（2020a）「企業のサステナブルな経営を実現するHRガバナンスの強化」『信託』第281号，pp.95-134。
内ヶ﨑茂（2020b）「『サステナビリティ・ガバナンス』の重要性と欧米における先端実務」『商事法務』第2237号，pp.40-46。

内ヶ﨑茂・神山直樹（2020）「先進事例に学ぶサステナビリティ・ガバナンス―独立社外役員の活用―」『企業会計』第72巻第９号，pp.34-43。
内ヶ﨑茂・中川和哉（2020）「欧米諸国におけるコーポレートガバナンス・スチュワードシップの進展―日本の進むべき方向性とは―」『商事法務』第2235号，pp.37-45。
大木宏巳（2020）「ドイツ経済『黄金の10年』と欧州統合の弱体化―止まらない欧州貿易の地盤沈下―」『国際貿易と投資』第119号，pp.1-56。
太田洋（2010）「民主党政権下での『公開会社法』検討，企業統治強化の方策は？」法と経済のジャーナル（2010年８月４日。https://judiciary.asahi.com/outlook/2010072000021.html）（最終閲覧日：2020年11月11日）。
大橋昭一（2020）「現代ドイツ企業経営における労資共同決定方式の構想過程―「共同決定法方式―」の成立過程の研究（１）」『経済理論』第401号，pp.37-52。
岡田功太（2018）「米国の社会及び環境に対して説明責任ある資本主義法案」『野村資本市場クォータリー』秋号，pp.1-12。
奥平施（2020）『社会的企業の法―英米からみる株主至上主義の終焉―』信山社。
奥乃真弓（2018）「イギリス社会の長期的な持続的成長を目指すコーポレートガバナンス・コードの改訂」『国際商事法務』第46巻第11号，pp.1505-1513。
加護野忠男（2014）『経営はだれのものか―協働する株主による企業統治再生―』日本経済新聞出版社。
海道ノブチカ（2013）『ドイツのコーポレート・ガバナンス』中央経済社。
風間信隆（2015）「VW社における利害多元的企業統治モデルの経路依存的進化」『明大商学論叢』第98巻第１号，pp.1-18。
風間信隆（2017）「ドイツにおけるコーポレート・ガバナンス・コードと多元的企業統治モデル」『商学論究』第64巻第３号，pp.47-73。
加治敏雄（2015）「『企業の利益』の具体化と株式会社の指導原理」『商学論纂』第57巻第１・２号，pp.55-78。
片岡信之（2004）「株主至上主義型ガバナンス論とステイクホルダー型ガバナンス論」『経営論集』第44巻第２号，pp.1-11。
神作裕之（2019）「企業の持続的成長と会社法・金商法上のいくつかの論点―欧州からの示唆―」『商事法務』第2198号，pp.18-30。
神田秀樹・坂本里和・田村俊夫・日戸興史・武井一浩「（座談会）事業再編実務指針とポートフォリオマネジメント（上）」『商事法務』第2238号，pp.6-29。
菊澤研宗（2020）「日本企業復活のための政策と戦略―ガバナンス改革，働き方改革，そしてダイナミック・ケイパビリティ論―」『企業会計』第72巻第１号，pp.121-124。
工藤章（1999）『20世紀ドイツ資本主義―国際定位と大企業体制―』東京大学出版会。
工藤章（2003）「産業と企業：『サービス社会』化の進展と大型合併ブーム」戸原四郎・工藤章・加藤栄一編『ドイツ経済―統一後の10年―』pp.43-78，有斐閣，。
工藤章（2009）「ドイツ企業体制のアメリカ化とヨーロッパ化」馬場宏二・工藤章編『現代世界経済の構図』pp.148-177，ミネルヴァ書房，。
久保克行・内ヶ﨑茂・鈴木啓介・山内浩嗣・瀬古進（2019）「英国の取締役会およびトップマネジメントチームにおける多様化戦略（上）・（下）」『商事法務』第2209号，pp.45-53，第2211号，pp.92-101。
久保克行・内ヶ﨑茂・吉田宏克・高木悠・岩田航（2020）「報酬ガバナンス・コーポレートガバナンスと経営者報酬―経営者報酬サーベイ結果から―」『商事法務』第2238号，pp.50-58。
久保広正・海道ノブチカ編著（2013）『EU経済の進展と企業・経営』勁草書房。
熊谷徹（2016）『偽りの帝国―緊急報告・フォルクスワーゲン排ガス不正の闇―』文藝春秋。
黒川洋行「ドイツの中小企業と地域金融機関―貯蓄銀行グループとの関係性を中心に―」『証券経済研究』第106号，pp.129-148。
経済産業省産業組織課（2009）「ドイツ出張報告―ドイツの公開買付ルールと労働者の経営参画の実態―」（財団法人企業活力研究所「企業法制委員会」説明資料）。
小池和男（1994）「『ひと』の面からみたコーポレート・ガバナンス」『商事法務』第1364号，pp.11-18。
小池和男（2004）「企業統治と労働者の技能」稲上毅・森淳二朗編『コーポレート・ガバナンスと従業員』pp.33-70，東洋経済新報社。
小池和男（2018）『企業統治改革の陥穽―労組を活かす経営なぜ日本企業は強みを捨てるのか―』日本経済新聞出版社。
琴坂将広（2017）「GE―変革を続ける経営組織―」『DIAMONDハーバード・ビジネス・レビュー』第42巻第12号，pp.74-91。
齋藤卓爾（2020）「国際比較から考える日本企業のコーポレートガバナンスの現在値」『証券アナリストジャーナル』第58巻第11号，pp.41-53。
サイプト，クリストフ・H（齊藤真紀訳）「ドイツのコーポレート・ガバナンスおよび共同決定―弁護士，監査役員，研究者としての視点から」『商事法務』第1936号，pp.34-46。
新津和典（2011）「ドイツ・オーストリア法における企業共同決定制度と日本の立法への示唆」『法学雑誌』第57巻第2号，pp.204-223。
鈴木裕（2009）「新政権における企業統治改革―ステークホルダーの利害調整が課題―」『DIR経営戦略研究』第23巻，pp.2-9。
鈴木裕（2018）「将来，日本でも議題に？ 英国コーポレートガバナンス・コード改訂案の要点」『企業会計』第70巻第6号，pp.95-100。
須磨美月（2018）「英国コーポレートガバナンス・コードと改訂の概要―日本企業は英国コーポレートガバナンス・コード改訂から何を学ぶべきか―」『資料版／商事法務』第414号，pp.24-53。
関孝哉（2010a）「ドイツの従業員代表制度に学ぶ日本型『従業員経営参加』のあり方」『ビジネス法務』6月号，pp.22-26。
関孝哉（2010b）「近時のドイツのコーポレート・ガバナンスとわが国への示唆」資本市場研究会編『金融危機後の資本市場法制』pp.354-372，資本市場研究会。
セラフェイム，ジョージ（2019）「企業も環境・格差に配慮 必須」『日本経済新聞』12月16日付け朝刊。
高岡伸行（2018）「ソーシャル・ビジネス概念の社会的責任ビジネス観」『日本経営学会誌』第40号，pp.28-42。
高橋英治（2012）『ドイツ会社法概説』有斐閣。

高橋英治（2020）「日本法における株主民主主義の現状と課題」『商事法務』第2224号，pp.26-36。
谷口栄治（2020）「独Wirecard社の破綻にみるわが国へのインプリケーション」『Research Focus』No.2020-013，pp.1-8。
田中洋子（2019）「労働─雇用システムの動揺と転回─」藤澤利治・工藤章編著『ドイツ経済─EU経済の基軸─』pp.127-202，ミネルヴァ書房，。
田中洋子（2020）「ドイツ企業の管理職における短時間パート勤務とジョブシェアリング─企業調査からみる働き方改革の実態─」『筑波大学地域研究』第41巻，pp.9-29。
田中亘（2019）「日本企業，安易な追随 避けよ」『日本経済新聞』12月18日付け朝刊。
田中亘（2020）「株主第一主義の意義と合理性」『証券アナリストジャーナル』第58巻第２号，pp.7-17。
田端公美（2010）「ドイツ・フランスにおける労働者の経営参画制度とその実態」『商事法務』第1900号，pp.24-34。
田村俊夫（2020a）「株主と企業の関係の地殻変動」『運輸と経済』第80巻第６号，pp.7-9。
田村俊夫（2020b）「株主主導の新ステークホルダー主義─ESG・SDGs時代のコーポレートガバナンス─」『資本市場リサーチ』第56号，pp.134-183。
デュークス，ルース（濱口桂一郎訳）（2013）「イギリスにおける企業レベル被用者代表制度」『日本労働研究雑誌』第630号，pp.42-56。
難波正憲・福谷正信・鈴木勘一郎編著（2013）『グローバル・ニッチトップ企業の経営戦略』東信堂。
野藤忠（1990）『社会的経営理念』森山書店。
野藤忠（2008）『ツァイス企業家精神』九州大学出版会。
野藤忠（2012）『カールツァイスの経営倫理』森山書店。
ハイン，ヤン・フォン（齊藤真紀訳）（2007）「ドイツ共同決定のジレンマ」『ジュリスト』第1330号，pp.38-49。
葉玉匡美（2011a）「（報告１）ドイツにおけるコーポレート・ガバナンスの実態」21世紀政策研究所編『第79回シンポジウム 会社法改正への提言─ドイツ実地調査を踏まえて─』21世紀政策研究所，pp.6-27。
葉玉匡美（2011b）「日本の会社法制への提言」葉玉匡美（研究主幹）『会社法制のあり方に関する研究報告─ドイツにおける会社法制の運用実態と比較して─』21世紀政策研究所，pp.49-124。
葉玉匡美・安原和臣（2011）「ドイツ実地調査報告」葉玉匡美（研究主幹）『会社法制のあり方に関する研究報告─ドイツにおける会社法制の運用実態と比較して─』21世紀政策研究所，pp.29-48。
八田進二・橋本尚訳（2000）『英国のコーポレートガバナンス─キャドベリー委員会報告書・グリーンベリー委員会報告書・ハンペル委員会報告書─』白桃書房。
林順一（2019）「英国コーポレートガバナンス・コード改訂に関する一考察─カルチャープロジェクトの影響とステークホルダー重視の動き─」『国際マネジメント研究』第８巻，pp.1-34。
林順一（2020a）「英国のコーポレートガバナンス・コード及びスチュワードシップ・コード

の改訂の背景・内容とわが国への示唆」『ビジネス・マネジメント研究』第16巻，pp.67-89。
林順一（2020b）「イギリス企業のCGコード対応にみる従業員とのエンゲージメント」『企業会計』第72巻第１号，pp.50-56。
広田真一（2019）「資本主義・企業の多様性 重視」『日本経済新聞』12月17日付け朝刊。
広田真一（2020）「株主第一主義か，ステークホルダー主義か―世界の経済・社会・企業の観察から―」『証券アナリストジャーナル』第58巻第11号，pp.18-29。
ブカナン，ジョン（田中亘訳）（2015）「不安定なシステムへの局所的な対応策としての企業統治」田中亘・中林真幸編『企業統治の法と経済』pp.213-238，有斐閣。
藤本武士・大竹敏次編著（2019）『グローバル・ニッチトップ企業の国際比較』晃洋書房。
藤本武士・牧田正裕編著（2015）『グローバル・ニッチトップ企業の事業戦略』文理閣。
藤田勉（2015）「コーポレートガバナンス・コードは機能するか」『月刊 資本市場』第353号，pp.52-60。
藤田勉（2020）「英国のコーポレートガバナンス・コードの失敗に学ぶ」『月刊 資本市場』第417号，pp.76-85。
古内博行（2019a）「最新動向からみるドイツ経済の復調」『千葉大学 経済研究』第33巻第３・４号，pp.1-46
古内博行（2019b）「ドイツ経済の概観―1945年以降の発展奇跡―」藤澤利治・工藤章編著『ドイツ経済―EU経済の基軸―』pp.7-35，ミネルヴァ書房。
細川あつし（2015）『コーオウンド・ビジネス―従業員が所有する会社―』築地書館。
細谷祐二（2014）『グローバル・ニッチトップ企業論―日本の明日を拓くものづくり中小企業―』白桃書房。
細谷祐二（2017）『地域の力を引き出す企業―グローバル・ニッチトップ企業が示す未来―』筑摩書房。
ポーゼン，ロバート（2019）「米国企業は本当に変わるのか」『日経ビジネス』９月23日号，pp.86-87。
正井章筰（1979）「企業機関の構成員の行動基準としての『企業の利益』概念について」『熊本法学』第28号，pp.102-147。
松井秀征（2011a）「ドイツ会社法制の概要」葉玉匡美（研究主幹）『会社法制のあり方に関する研究報告―ドイツにおける会社法制の運用実態と比較して―』21世紀政策研究所，pp.1-27。
松井秀征（2011b）「ドイツにおける株式会社法制の運用実態とわが国への示唆（上）」『商事法務』第1941号，pp.25-34。
三品和広（2019）「株主重視と社員重視のあいだ―岐路に立つ日本企業―」『Voice』５月号，pp.166-175。
宮島英昭・齋藤卓爾（2020）「アベノミクス下の企業統治改革―二つのコードは何をもたらしたのか―」『商事法務』第2224号-2236号。
山口幸代（2018）「取締役会と従業員―英国企業統治改革における従業員の経営参加システムの模索―」德本譲・徐治文・佐藤誠・田中慎一・笠原武朗編『会社法の到達点と展望―森淳二朗先生退職記念論文集―』pp.485-505，法律文化社。
山口尚美（2014）「『株主の復権』と企業統治システムの進化―VW社の事例を手掛かりとし

て―」『経営学論集』第85号，［09］1-10。
山口尚美（2018）「会社法における株式会社観の日独比較―私的所有物か公共物か―」経営学史学会編『経営学史研究の挑戦』pp.85-125，文眞堂。
山崎敏夫（2009）『戦後ドイツ資本主義と企業経営』森山書店。
山崎敏夫（2013）『現代のドイツ企業―そのグローバル地域化と経営特質―』森山書店。
山崎敏夫（2019）『ドイツの企業間関係―企業間人的結合の構造と機能―』森山書店。
吉村典久（2007）『日本の企業統治―神話と実態―』NTT出版。
吉村典久（2008）『部長の経営学』筑摩書房。
吉村典久（2012）『会社を支配するのは誰か―日本の企業統治―』講談社。
吉村典久・堀口朋亨（2013）「現代のドイツ企業における共同決定の研究に向けて―準備的考察―」『経済理論』第372号，pp.73-102。
吉村典久（2017a）「（経済教室 企業統治改革の課題（上））社外取締役・監査役連携を，従業員集団の関与限界も」『日本経済新聞』2017年４月３日付け朝刊。
吉村典久（2017b）「はじめに」吉村典久・田中一弘・伊藤博之・稲葉祐之『企業統治（ベーシック＋）』pp.1-7，中央経済社。
吉村典久（2019）「日本企業における経営者の解任―労働組合やミドルマネジメントが果たした，果たすべき役割―」『日本労働研究雑誌』第710号，pp.53-63。
吉森賢（2015）『ドイツ同族大企業』NTT出版。
吉森賢（2016）「フォルクスワーゲン社と排ガス不正事件」『横浜経営研究』第36巻第３・４号，pp.55-75。
吉森賢・若杉敬明（司会・高橋伸夫）「〔座談会〕企業統治と株主利益」『運輸と経済』第80巻第６号，pp.73-85。（同誌の2020年10月号に掲載された対談の再録）
渡邉沙弥香・三山祥平（2020）「グローバル化に進むステークホルダー主義への転換―日本企業に求められるステークホルダーとの関係について―」『Mizuho Industry Focus』第222巻，pp.1-34。

# 第2章

# ドイツの価値創造100大企業の分析

## —独占委員会の主要報告書に依拠して—

## 1　はじめに

その国を代表する企業には国ごとの特徴がある。米国であれば，GAFAMつまりグーグル（Google），アップル（Apple），フェイスブック（Facebook），アマゾン（Amazon com.），そしてマイクロソフト（Microsoft）や，ツイッター（Twitter）そしてネットフリックス（Netflix）などの新興企業がコロナ禍でも巨額の富を生み出している。反対に，かつてはビッグ３と呼ばれたGM（General Motors），旧クライスラー（Fiat Chrysler Automobiles[1]）などの自動車産業は主要な産業からは脱落している[2]。

日本であれば，未だに自動車産業のトヨタ自動車がコロナ禍においても黒字を生み出し，アジア各国の後塵を拝しているとはいえ，ソニーやパナソニック，そしてシャープなども新製品を生み出している。

ドイツはどうであろうか。日米に比して，貿易依存度が高いとされるドイツにおいては，どのような企業が主要な地位を占め，価値を創造しているのであろうか。本章では，ドイツの独占委員会（Monopolkomission）が作成・公表している主要報告書（Hauptgutachten）に依拠して，ドイツにおける価値創造（Wertshöpfung）の上位100社にどのような企業がランクインしているのかを明らかにした上で，その企業形態について分析を行うとともに，主要企業に

---

1　この企業は2014年に，旧フィアット（FIAT S.p.A.）と旧クライスラーが合併して設立した企業である。

2　かつて「自動車産業」で栄えた五大湖周辺の地域は現在，ラストベルト，つまり「錆びた地帯」と呼ばれている。

おける企業統治がどのように敷かれているのかについて考察を行う。

競争制限禁止法（GWB：Gesetz gegen Wettbewerbsbeschrankungen）は，独占委員会が2年に一度，ドイツにおける「企業集中」の状態を評価するとともに，現在の競争政策に関する問題についての報告書を作成しなければならないことを規定している（GWB第44条第1項第1文）。この報告書では，ドイツにおける価値創造額上位100社を「100大企業」として報告している。本章においては，売上高や時価総額などとの混在を避けるために，「価値創造100大企業」[3]と表記する。この主要報告書は発行年の2年前の状況を分析しており，Monopolkomission（2020）によれば，2018年時点のドイツにおける価値創造額の約14.8％を価値創造100大企業が生み出している（Monopolkomission, 2020, S. 84）[4]。本章は，わずか100社の企業がドイツにおける価値創造額の約14.8％も生み出している，という点に着目する[5]。

そして，主要報告書においては「価値創造[6]」という指標が用いられている。これは第4次主要報告書以来使用されている指標であり（Monopolkomission, 2020, S. 76），われわれになじみのある類似した表現を用いれば「付加価値」と言い換えることができる。そして，Monopolkomission（2020）によれば，価値創造額は端的には以下の式に基づいて算出される（Monopolkomission, 2020, S. 76）。

**価値創造額　＝　企業の生産額　－　その生産にかかった費用**

吉森（2015）は，価値創造額を「売上高から他企業への支払費用を差し引いた残額」（吉森, 2015, 15頁）と定義している。しかしながら，本章における考

---

3　吉森（2015）においては，「ドイツ最大100社」あるいは「最大100社」と表記されている（吉森, 2015, 15頁以下）。

4　その際に使用されているドイツにおける総価値創造額は，Statistische Bundesamtのデータが用いられている。また，Monopolkomission（2020）によれば，ドイツ価値創造100大企業が生み出した価値創造額がドイツ全体の価値創造額に占める割合は年々低下している。

5　もう1つの見解として，価値創造100社はドイツの価値創造額の約14.8％「しか」生み出せていない，という見方も存在する。

6　吉森（2015）においては，「創造価値」を表記されている（吉森, 2015, 15頁）。

察では，原語を尊重し，「企業の生産額」として議論を進めていく[7]。

そして，価値創造100大企業は価値創造額によって選ばれた100社である。そのため，ドイツの売上高の上位100社ともずれが生じるだけではなく[8]，ドイツ株式指数（Deutsche Aktien index，以下DAX）の30社とも異なる点に注意が必要である。

また，Monopolkomission（2020）によれば，価値創造100大企業の「企業」は「法的な単位」を意味しているのではなく，「親会社」が「子会社」を支配する，という意味におけるコンツェルンを対象としている（Monopolkomission, 2020, S. 76）[9]。そして，この報告書では海外に拠点のあるグループ会社，例えばエアバス・グループ・ドイツ（Airbus-Gruppe Deutschland），ロッシュ・グループ・ドイツ（Roche-Gruppe Deutschland），そしてフォード・グループ・ドイツ（Ford-Gruppe Deutschland）などが国内拠点の価値創造額に基づいて，ランキングに掲載されている。

本章においては，まず価値創造100大企業について分析を行い，これらの企業のランキングの意義と課題について検討を行う。その上で，価値創造100大企業の中の主要企業では，どのような企業統治が敷かれているのか，について考察を行う。ドイツにおいては取締役会（Vorstand）と監査役会（Aufsichtsrat[10]）に法的に明確に権限が区分された二元制システムが採用されている。v. Werder（2015）では，ドイツにおいては「分離モデル（Trennungsmodell）」が使用されていることが指摘されている（v. Werder, 2015, S. 67）。

---

7　売上高が「企業の生産額」と同義となるのかについては，稿を改めて検討を行う。

8　ドイツの売上高上位企業とドイツ価値創造100大企業の類似点および相違点，そして売上高が上位にもかかわらず，価値創造額が低いあるいはその逆というケースは，どのような業種に多いのかなどについては，稿を改めて検討を行う。

9　コンツェルンの定義に関しては，岡本（2014）において検討を行っている。

10　日本における監査役会とドイツにおける“Aufsichtsrat”は，後述するように権限などに非常に大きな違いが存在する。その違いを前提としつつも，翻訳上の慣例に従い，ドイツにおける“Aufsichtsrat”をそのまま「監査役会」と訳して使用する。

## 2　価値創造100大企業の推移と特徴

まず，独占委員会の主要報告書（Monopolkomission, 2016, 2018, 2020）に依拠して，ドイツの価値創造100大企業の企業形態について分析を行う。この主要報告書は2年に1度発行されており，2020年に出された主要報告書には，2018年時点における価値創造100大企業のランキングが掲載されている。

### 2-1　2014年・2016年・2018年の価値創造100大企業の変動

まず，Monopolkomission（2016；2018；2020）に依拠して，2014年・2016年・2018年の価値創造100大企業について考察を行う。Monopolkomission（2016）においては，「経済目的」，「価値創造額」，「取引量」，「従業員数」，「固定資産」，そして「キャッシュフロー」が表記されている。そして，Monopolkomisssion（2018）においては，「経済目的」，「価値創造額」，「取引量」，「従業員数」で分析され，Monopolkomission（2020）では，「価値創造額」および「(2016年）前回との増減[11]」，「従業員数」，そして，「取引量」と「業務領域（Branche)」が明らかにされている。

**図表2-1～2-4**は，過去3回分の主要報告書に共通する「価値創造額」のランキングを連結したものである。

図表2-1～2-4においては，第1位から第25位（図表2-1），第26位から第50位（図表2-2），第51位から第75位（図表2-3），そして第76位から第100位（図表2-4）に4分割して表記している。これは主要報告書において，上記の4分類に該当する企業ごとに，100大企業の全価値創造額に占める割合を分析しているためである。

### 2-2　2012年と2014年の価値創造100大企業の変化

Monopolkomission（2016）によれば，2014年時点の価値創造100大企業は，2012年時点ではランクインしていなかった企業が12社ランクインした。具体的

11　先述のように，Monopolkomission（2020）では，2018年時点のデータが示されている。

図表２－１　価値創造100大企業の上位25社（2014年・2016年・2018年）

| | 2014年 | 2016年 | 2018年 |
|---|---|---|---|
| 1 | Volkswagen AG | Volkswagen AG | Volkswagen AG |
| 2 | Daimler AG | Daimler AG | Daimler AG |
| 3 | BMW AG | BMW AG | BMW AG |
| 4 | Siemens AG | Robert Bosche GmbH | Deutsche Bahn AG |
| 5 | Deutsche Telekom AG | Siemens AG | Robert Bosche GmbH |
| 6 | Deutsche Bahn AG | Deutsche Bahn AG | Siemens AG |
| 7 | Robert Bosche GmbH | Deutsche Telekom AG | Deutsche Telekom AG |
| 8 | Deutsche Post AG | Deutsche Post AG | INA-Holding Schaeffler GmbH & Co. KG |
| 9 | BASF SE | INA-Holding Schaeffler GmbH & Co. KG | Deutsche Post AG |
| 10 | Deutsche Bank AG | Bayer AG | Bayer AG |
| 11 | RWE AG | Commerzbank AG | Deutsche Lufthansa AG |
| 12 | Bayer AG | BASF SE | REWE-Gruppe |
| 13 | Deutsche Lufthansa AG | Deutsche Lufthansa AG | BASF SE |
| 14 | SAP SE | SAP SE | Deutsche Bank AG |
| 15 | Fresenius SE & Co. KGaA | Fresenius SE & Co. KGaA | SAP SE |
| 16 | Airbus-Gruppe Deutschland | REWE-Gruppe | Airbus-Gruppe Deutschland |
| 17 | REWE-Gruppe | Schwarz-Gruppe | Fresenius SE & Co. KGaA |
| 18 | Continental AG | Airbus-Gruppe Deutschland | ZF Friedrichshafen AG |
| 19 | Schwarz-Gruppe | Vonovia SE | Vonovia SE |
| 20 | Sanofi-Gruppe Deutschland | thyssenkrupp AG | Schwarz-Gruppe |
| 21 | METRO AG | Allianz SE | thyssenkrupp AG |
| 22 | E. ON SE | Deutsche Bank AG | E. ON SE |
| 23 | Commerzbank AG | EDEKA-Gruppe | Roche-Gruppe Deutschland |
| 24 | ZF Friedrichshafen AG | ZF Friedrichshafen AG | Allianz SE |
| 25 | EDEKA-Gruppe | Roche-Gruppe Deutschland | Merck KGaA |

注：■の企業は該当期にランクインした企業を意味し，▒は翌期にランクアウトした企業を意味する。
出所：Monopolkomission（2016；2018；2020）のデータに依拠して筆者作成。

には，①エデカ・グループ（Edeka-Gruppe，第25位），②ゼネラルモーターズ・グループ・ドイツ（General Motors-Gruppe Deutschland，第33位），③フォード・グループ・ドイツ（Ford-Gruppe Deutschland，第52位），④サンゴバン・グループ・ドイツ（Saint-Gobain-Gruppe Deutschland，第66位），⑤dm-ドロゲリエ・マルクト（dm-drogerie markt Verwaltungs-GmbH，第

図表2－2 価値創造100大企業の26位-50位の変動（2014年・2016年・2018年）

| | 2014年 | 2016年 | 2018年 |
|---|---|---|---|
| 26 | thyssenkrupp AG | Aldi-Gruppe | EDEKA-Gruppe |
| 27 | Allianz SE | METRO AG | Münchener Rückversicherungs-Gesellschaft AG |
| 28 | Aldi-Gruppe | Ford-Gruppe Deutschland | Aldi-Gruppe |
| 29 | Bertelsmann SE & Co. KGaA | Bertelsmann SE & Co. KGaA | Commerzbank AG |
| 30 | INA-Holding Schaeffler GmbH & Co. KG | Evonik Industries AG | Bertelsmann SE & Co. KGaA |
| 31 | Münchener Rückversicherungs-Gesellschaft | Münchener Rückversicherungs-Gesellschaft AG | Evonik Industries AG |
| 32 | Evonik Industries AG | Sanofi-Gruppe Deutschland | C. H. Boehringer Sohn AG & Co. KG |
| 33 | General Motors-Gruppe Deutschland | C. H. Boehringer Sohn AG & Co. KG | Asklepios Kliniken GmbH & Co. KGaA |
| 34 | Rhoen-Klinikum AG | KfW Bankengruppe | Energie Baden-Württemberg AG |
| 35 | KfW Bankengruppe | Asklepios Kliniken GmbH | Rehmann SE & Co. KG |
| 36 | IBM-Gruppe Deutschland | IBM-Gruppe Deutschland | Ford-Gruppe Deutschland |
| 37 | Asklepios Kliniken GmbH | Rehmann SE & Co. KG | Sanofi-Gruppe Deutschland |
| 38 | C. H. Boehringer Sohn AG & Co. KG | General Motors-Gruppe Deutschland | IBM-Gruppe Deutschland |
| 39 | DZ Bank AG | HGV Hamburger Gesellschaft für Vermögens und Beteiligungsmanagement mbH | Adolf Würth GmbH & Co. KG |
| 40 | UniCredit-Gruppe Deutschland | Adolf Würth GmbH & Co. KG | KfW Bankengruppe |
| 41 | Rehmann SE & Co. KG | Sana Klinken AG | ING-Gruppe Deutschland |
| 42 | Vattenfall-Gruppe Deutschland | Fraport AG Frankfurt Airport Services Worldwide | HGV Hamburger Gesellschaft für Vermögens und Beteiligungsmanagement mbH |
| 43 | Otto Group | Otto Group | STRABAG-Gruppe Deutschland |
| 44 | STRABAG-Gruppe Deutschland | BP-Gruppe Deutschland | Shell-Gruppe Deutschland |
| 45 | HGV Hamburger Gesellschaft für Vermögens und Beteiligungsmanagement mbH | UniCredit-Gruppe Deutschland | Sana Klinken AG |
| 46 | Adolf Würth GmbH & Co. KG | DZ Bank AG | Salzgitter AG |
| 47 | Wacker Chemie AG | STRABAG-Gruppe Deutschland | Otto Group |
| 48 | Energie Baden-Württemberg AG | Adecco-Gruppe Deutschland | Ceconomy AG |
| 49 | Salzgitter AG | Deutsche Börse AG | Henkel AG & Co. KGaA |
| 50 | Sana Klinken AG | Salzgitter AG | Fraport AG Frankfurt Airport Services Worldwide |

注：■の企業は該当期にランクインした企業を意味し，■は翌期にランクアウトした企業を意味する。そして■の企業は，当該期にランクインし，翌期にランクアウトした企業である。
出所：Monopolkomission（2016；2018；2020）のデータに依拠して筆者作成。

図表2-3　価値創造100大企業の51位-75位の変動（2014年・2016年・2018年）

| | 2014年 | 2016年 | 2018年 |
|---|---|---|---|
| 51 | E. Merck KG | MERCK KGaA | Adidas AG |
| 52 | Ford-Gruppe Deutschland | Henkel AG & Co. KGaA | PricewaterhouseCoopers Aktiengesellschaft Wirtschaftsprüfungs gesellschaft |
| 53 | Roche-Gruppe Deutschland | Carl Zeiss AG | UniCredit-Gruppe Deutschland |
| 54 | Henkel AG & Co. KGaA | Procter & Gamble-Gruppe Deutschland | Hamburg Commercial Bank AG |
| 55 | Landesbank Baden-Württemberg | Wacker Chemie AG | PSA-Gruppe Deutschland |
| 56 | Fraport AG Frankfurt Airport Services Worldwide | maxingvest AG | AXA-Gruppe Deutschland |
| 57 | Deutsche Börse AG | Nestlé-Gruppe Deutschland | RWE AG |
| 58 | Liebherr-International-Gruppe Deutschland | PricewaterhouseCoopers Aktiengesellschaft | DZ Bank AG Wirtschaftsprüfungs gesellschaft |
| 59 | BSH Hausgeräte GmbH | KPMG AG Wirtschaftsprüfungs-gesellschaft | KPMG AG Wirtschaftsprüfungs gesellschaft |
| 60 | K+S AG | Norddeutsche Landesbank Girozentrale | Deloitte GmbH Wirtschaftsprüfungs gesellschaft |
| 61 | Procter & Gamble-Gruppe Deutschland | AXA-Gruppe Deutschland | DEKRA SE |
| 62 | Bayerische Landesbank | Landesbank Baden-Württemberg | Bayerische Landesbank |
| 63 | maxingvest AG | Bayerische Landesbank | ExxonMobil-Gruppe Deutschland |
| 64 | Carl Zeiss AG | HDI Haftpflichtverband der Deutschen Industrie V. a. G. | Adecco-Gruppe Deutschland |
| 65 | PricewaterhouseCoopers Aktiengesellschaft Wirtschaftsprüfungs-gesellschaft | AVECO Holding AG | Rheinmetall AG |
| 66 | Saint-Gobain-Gruppe Deutschland | DEKRA SE | AVECO Holding AG |
| 67 | Hewlett-Packard-Gruppe Deutschland | Rheinmetall AG | Deutsche Börse AG |
| 68 | KPMG AG Wirtschaftsprüfungs-gesellschaft | INGKA-Gruppe Deutschland | maxingvest AG |
| 69 | Debeka-Gruppe | Liebherr-International-Gruppe Deutschland | Liebherr-International-Gruppe Deutschland |
| 70 | DEKRA SE | EWE AG | Stadtwerke München GmbH |
| 71 | AVECO Holding AG | Axel Springer SE | HUK-COBURG |
| 72 | Linde AG | ProSiebenSat.1 Media SE | Ernst & Young-Gruppe Deutschland |
| 73 | ABB-Gruppe Deutschland | Dr. August Oetker KG | Carl Zeiss AG |
| 74 | Hella KGaA Hueck & Co. | B. Braun Melsungen AG | Vivantes-Netzwerk für Gesundheit GmbH |
| 75 | HDI Haftpflichtverband der Deutschen Industrie V. a. G. | LANXESS AG | United Internet AG |

注：■の企業は該当期にランクインした企業を意味し，■は翌期にランクアウトした企業を意味する。そして■の企業は，当該期にランクインし，翌期にランクアウトした企業である。
出所：Monopolkomission（2016；2018；2020）のデータに依拠して筆者作成。

図表2-4　価値創造100大企業の76位-100位の変動（2014年・2016年・2018年）

| | 2014年 | 2016年 | 2018年 |
|---|---|---|---|
| 76 | LANXESS AG | ABB-Gruppe Deutschland | Rolls-Royce-Gruppe Deutschland |
| 77 | dm-drogerie markt Verwaltungs-GmbH | dm-drogerie markt Verwaltungs-GmbH | Freudenberg & Co. KG |
| 78 | Freudenberg & Co. KG | Vivantes - Netzwerk für Gesundheit GmbH | B. Braun Melsungen AG |
| 79 | Signal-Iduna Gruppe | MAHLE GmbH | KION GROUP AG |
| 80 | DFS Deutsche Flugsicherung GmbH | Ernst & Young-Gruppe Deutschland | dm-drogerie markt Verwaltungs-GmbH |
| 81 | Stadtwerke Köln GmbH | Rolls-Royce-Gruppe Deutschland | MAHLE GmbH |
| 82 | ProSiebenSat.1 Media AG | Miele & Cie. KG | Debeka-Gruppe |
| 83 | Total-Gruppe Deutschland | Stadtwerke Köln GmbH | Hella KGaA Hueck & Co. |
| 84 | Dr. Augst Oetker KG | Shell-Gruppe Deutschland | EWE AG |
| 85 | Ernst & Young-Gruppe Deutschland | Hella KGaA Hueck & Co. | Wacker Chemie AG |
| 86 | B. Braun Melsungen AG | Saint-Gobain-Gruppe Deutschland | Versicherungskammer Bayern VöR |
| 87 | EWE AG | Freudenberg & Co. KG | Axel Springer SE |
| 88 | H & M Hennens & Mauritz-Gruppe Deutschland | HUK-COBURG | Philip Morris International-Gruppe Deutschland |
| 89 | Voith GmbH | DFS Deutsche Flugsicherung GmbH | LANXESS AG |
| 90 | HUK-COBURG | LyondellBasell-Gruppe Deutschland | Landesbank Baden-Württemberg |
| 91 | Stadtwerke Köln GmbH | VINCI-Gruppe Deutschland | Stadtwerke Köln GmbH |
| 92 | Norddeutsche Landesbank Girozentrale | Linde AG | Linde AG |
| 93 | Bilfinger SE | United Internet AG | ABB-Gruppe Deutschland |
| 94 | Miele & Cie. KG | Krones AG | Procter & Gamble-Gruppe Deutschland |
| 95 | Axel Springer SE | Philip Morris International-Gruppe Deutschland | VINCI-Gruppe Deutschland |
| 96 | Rolls-Royce-Gruppe Deutschland | K+S AG | Novartis-Gruppe Deutschland |
| 97 | Rheinmetall AG | Rhön-Klinikum AG | Saint-Gobain-Gruppe Deutschland |
| 98 | Nestlé-Gruppe Deutschland | Debeka-Gruppe | Krones AG |
| 99 | Krones AG | Charité Universitätsmedizin Berlin KöR | Vattenfall-Gruppe Deutschland |
| 100 | Kühne + Nagel-Gruppe Deutschland | Stadtwerke München GmbH | DEERE-Gruppe Deutschland |

注：■の企業は該当期にランクインした企業を意味し，■は翌期にランクアウトした企業を意味する。そして■の企業は，当該期にランクインし，翌期にランクアウトした企業である。
出所：Monopolkomission（2016；2018；2020）のデータに依拠して筆者作成。

77位），⑥プロジーベンザット１メディア（ProSiebenSat. 1 Media AG，第82位），⑦アーンスト＆ヤング・グループ・ドイツ（Ernst & Young-Gruppe Deutschland，第85位），⑧HUKコーブルク（HUK-COBURG，第90位），⑨ノルドドイチェ・ランデスバンク・ギロツェントラル（Norddeutsche Landesbank Girozentral，第92位），⑩ロールスロイス・グループ・ドイツ（Rolls-Royce-Gruppe Deutschland，第96位），⑪コロネス（Krones AG，第99位），そして⑫キューネ＆ナーゲル・グループ・ドイツ（Kühne + Nagel-Gruppe Deutschland，第100位）である。

そして，2012年時点には，ランクインしていたものの，2014年時点のランキングからは脱落した企業と，その企業の2012年時点と2014年時点の価値創造額の変動は**図表２-５**のとおりである。

図表２-５のように，2012年のランキングからは，ボーダフォン・グループ・ドイツ（Vordafone-Gruppe Deutschland）以下10社が脱落している。とりわけ，2012年時点で第34位であったボーダフォン・グループ・ドイツは3,289 Mio. Euro[12]の減少，第66位のブリティッシュペトロリアム・グループ・ドイツ（BP Gruppe Deutschland）は1,451 Mio. Euroの減少，そして第68位のシェル・グループ・ドイツ（Shell Gruppe Deutschland）は1,381 Mio. Euroの減少と大幅な価値創造額の減少により，ランキングより脱落している。

## 2-3　2014年と2016年の価値創造100大企業の変化

Monopolkomission（2018）においては，2014年時点では価値創造100大企業にランクインしていなかった企業が13社ランクインしている。具体的には，①ヴァノヴィア（Vonovia SE，第19位），②ブリティッシュペトロリアム・グループ・ドイツ（第44位），③アデコ・グループ・ドイツ（Adecco Gruppe Deutschland，第48位），④アクサ・グループ・ドイツ（AXA Gruppe Deutschland，第61位），⑤INGKA・グループ・ドイツ（INGKA Gruppe Deutschland，第68位），⑥ヴィヴァンテス（Vivantes Netzwerk für Gesundheit GmbH，第78位），⑦マーレ（MAHLE GmbH，第79位），⑧シェ

12 「Mio.」はMillionのドイツ語の略記である。

図表２－５　2012年の価値創造100大企業のランキングより脱落した企業

| 2012年時点のランキング | 企業名 | 2012年時点の価値創造額(Mio. Euro) | 2014年時点の価値創造額(Mio. Euro) | 減少額(Mio. Euro) |
|---|---|---|---|---|
| 34 | Vodafone-Gruppe Deutschland | 2,300 | −989 | −3,289 |
| 41 | ExxonMobil-Gruppe Deutschland | 1,773 | 667 | −1,106 |
| 62 | HSH Nordbank AG | 1,201 | 163 | −1,038 |
| 66 | BP-Gruppe Deutschalnd | 1,155 | −296 | −1,451 |
| 67 | AXA-Gruppe Deutschland | 1,140 | 585 | −555 |
| 68 | Shell-Gruppe Deutschland | 1,124 | −257 | −1,381 |
| 92 | Landesbank Berlin AG | 838 | 656 | −182 |
| 93 | Novartis-Gruppe Deutschland | 832 | 706 | −126 |
| 98 | Philips-Gruppe Deutschalnd | 783 | 226 | −557 |
| 100 | GEA Group AG | 764 | 594 | −170 |

出所：Monopolkomission（2016), S. 131にもとづき筆者作成。

ル・グループ・ドイツ（第84位），⑨ライオンデル・バゼル・グループ・ドイツ（Lyondell Basell Gruppe Deutschland，90位），⑩VINCI Gruppe Deutschland（第91位），⑪United Internet AG（第93位），⑫Philip Morris International Gruppe Deutschland（第95位），そして⑬Charité Universitätsmedizin Berlin KöR（第99位）である。そして，2014年時点にはランクインしていたものの，2016年時点のランキングからは脱落した企業と，その企業の2014年時点と2016年時点の価値創造額の変動は，**図表２−６**のとおりである。

Monopolkomission（2018）によれば，BSH（BSH Hausgeräte GmbH）は2015年以降，ロベルト・ボッシュ（Robert Bosch GmbH，2016年時点で第４位）の子会社であるためランキングから除外され，自動車部品製造大手のコンティネンタル（Continental AG）は2016年時点においては，INA（INA Holding Schaeffler GmbH & Co. KG，2016年時点で第９位）の部門子会社と分類されたため，価値創造100大企業のランキングより除外された（Monopolkomission, 2018, S. 107）。

2014年と2016年のランキング変動で最も特質すべき点として，以下の点を指

図表2-6　2014年の価値創造100大企業ランキングより脱落した企業

| 2014年時点のランキング | 企業名 | 2014年時点の価値創造額(Mio. Euro) | 2016年時点の価値創造額(Mio. Euro) | 減少額(Mio. Euro) |
|---|---|---|---|---|
| 11 | RWE AG | 6,186 | −1,472 | −7,658 |
| 18 | Continental AG | 4,461 | — | — |
| 22 | E.ON SE | 4,052 | −27 | −4,079 |
| 42 | Vattenfall-Gruppe Deutschland | 1,592 | −2,012 | −3,604 |
| 48 | EnBW Energie Baden-Württemberg AG | 1,461 | −159 | −1,620 |
| 59 | BSH Hausgeräte GmbH | 1,247 | — | — |
| 67 | HP-Gruppe Deutschland | 1,076 | 208 | −868 |
| 79 | Signal-Iduna-Gruppe | 906 | 692 | −214 |
| 83 | TOTAL-Gruppe Deutschland | 884 | 706 | −178 |
| 88 | H & M Hennes & Mauritz-Gruppe-Deutschland | 866 | 759 | −107 |
| 89 | Voith GmbH | 862 | 418 | −444 |
| 93 | Bilfinger SE | 844 | 296 | −548 |
| 100 | Kühne + Nagel-Gruppe Deutschland | 782 | 728 | −54 |

出所：Monopolkomission（2018），S. 105 f.にもとづき筆者作成。

摘したい。**図表2-7**は，ドイツにおける大手電力会社に絞ったランキングの変動である。

図表2-7に示したように，ドイツの大手電力会社であるRWE（RWE AG），E. ON（E. ON SE），ヴァッテンフォール・グループ・ドイツ（Vattenfall-Gruppe Deutschland），そしてEnBW（EnBW Energie Baden-Württemberg AG）は，大幅な価値創造額の減少に伴い，すべてランキングより脱落している。

この電力会社の変動および事業再編，そしてE. ONの事業再編に伴う企業統治の見直しについては，第6章において考察を行う。

## 2-4　2016年と2018年の価値創造100大企業の差異

Monopolkomission（2020）によれば，2016年時点ではランクインしていな

**図表２－７** 2014年時点から2016年における大手電力会社の価値創造額の変動

| 2014年時点のランキング | 企業名 | 2014年時点の価値創造額 (Mio. Euro) | 2016年時点の価値創造額 (Mio. Euro) | 減少額 (Mio. Euro) |
|---|---|---|---|---|
| 11 | RWE AG | 6,186 | －1,472 | －7,658 |
| 22 | E.ON SE | 4,052 | －27 | －4,079 |
| 42 | Vattenfall-Gruppe Deutschland | 1,592 | －2,012 | －3,604 |
| 48 | EnBW Energie Baden-Württemberg AG | 1,461 | －159 | －1,620 |

出所：Monopolkomission（2018), S. 105 f.にもとづき筆者作成。

かった企業が14社ランクインしている。2018年時点のランキングの順番通りに並べると，①E. ON（第22位），②EnBW（第34位），③ING・グループ・ドイツ（ING-Gruppe Deutschland，第41位），④シーエコノミー（Ceconomy AG，第48位），⑤アディダス（Adidas AG，第51位），⑥ハンブルク・コマーシャル・バンク（Hamburg Commercial Bank AG，第54位），⑦REW（第57位），⑧デロイト（Deloitte GmbH Wirtschaftsprüfungsgesellschaft，第60位），⑨エクソンモービル・グループ・ドイツ（ExxonMobil-Gruppe Deutschland，第63位），⑩キオン（KION GROUP AG，第79位），⑪フェアズィヒルングスカマー・バイエル（Versicherungskammer Bayern VöR，第86位），⑫ノルヴァティス・グループ・ドイツ（Norvartis-Gruppe Deutschland，第96位），⑬ヴァッテンフォール・グループ・ドイツ（第99位），そして⑭ディア・グループ・ドイツ（DEERE-Gruppe Deutschland，第100位）である。

そして，2016年のランキングからは除外されたものの2018年のランキングでは復活を遂げた企業は，**図表２－８**のとおりである。

先に言及を行ったドイツの大手電力会社４社が2018年にはランキングに復帰している。しかしながら，これら４社は明暗が分かれている。E. ONは2014年時点の4, 052 Mio. Euroに迫る3, 866 Mio. Euroまで回復を果たし，ランキングも2014年と同様の第22位まで回復しており，2014年時点では第48位であったEnBWは2014年時点の1,461 Mio. Euroから2018年時点には2,276 Mio. Euroまで上昇を果たしている。

他方で，2014年時点のランキングにおいては第11位であったRWEは，当時

図表2－8　2016年に脱落後，2018年に復活した企業

| 2014年時点のランキング | 2018年時点のランキング | 企業名 | 2014年時点の価値創造額 (Mio. Euro) | 2016年時点の価値創造額 (Mio. Euro) | 2018年時点の価値創造額 (Mio. Euro) |
|---|---|---|---|---|---|
| 11 | 57 | RWE AG | 6,186 | －1,472 | 1,397 |
| 22 | 22 | E.ON SE | 4,052 | －27 | 3,866 |
| 42 | 99 | Vattenfall-Gruppe Deutschland | 1,592 | －2,012 | 909 |
| 48 | 34 | EnBW Energie Baden-Württemberg AG | 1,461 | －159 | 2,276 |

出所：Monopolkomission（2016；2018；2020）のデータにもとづき筆者作成。

の価値創造額6,186 Mio. Euroから大幅に下落後，2018年時点においても1,397 Mio. Euroと完全な回復に至っておらず，ランキングも第57位となっている。また，ヴァッテンフォール・グループ・ドイツは2014年時点では第42位であり，価値創造額は1,592 Mio. Euroであったものの，2018年時点においては価値創造額909 Mio. Euroと回復には至っておらず，順位も第99位と「何とか，ランキングに入ることができた」という状態である。

上述のように，価値創造100大企業は対象となる企業の価値創造額の変動が激しいだけではなく，2016年にはBSHとコンティネンタルが別の企業のコンツェルンやコンツェルン子会社と判定されランキングより除外される，というケースや，INAはコンティネンタルの価値創造額を加えることで順位が大幅に上昇し，2018年時点の価値創造100大企業においては第9位に位置付けられた，というケースがある。

以上を踏まえると，価値創造100大企業の意義は特定の年において，ドイツの企業がどの程度価値創造を行ったのかを考察する，あるいは特定の企業や業種の価値創造額がどのように変化をしたのかを考察するためには有用である。しかしながら，価値創造100大企業の企業形態の推移を経年で明らかにすることは，12社から14社程度，区分変更などを理由にランキングからの脱落があることを踏まえると，意味を見出すことはできない。

## 2-5　2018年時点における価値創造100大企業の分析

ここでは，2018年時点における価値創造100大企業を第1位から第25位，第26位から第50位，第51位から第75位，そして第76位から第100位に分類した上で，価値創造額にどれくらいの差があるのか，そして上位25社はどのような企業であるのかを明らかにする。

### 2-5-1　ランキング別の総価値創造に占める割合

**図表2-9**は，上記の4つの分類に基づいて，2018年時点における価値創造100大企業の価値創造額の割合を示したものである。

図表2-9に示されているように，2018年時点の価値創造100大企業の価値創造額の合計は，330,271 Mio. Euroである。そして，4分類のうち，第1位から第25位の企業が生み出す価値創造額は214,592 Mio. Euroであり，全体の約65%を占めている。

第26位から第50位は全体の約17%，第51位から第75位は全体の約10%，そして第76位から第100位の企業の価値創造額は，価値創造100大企業が生み出した総価値創造額の約8%を占めるに過ぎない。

### 2-5-2　トップ25企業の価値創造額の推移と雇用者数

上述したように，2018年時点の価値創造100大企業の価値創造額に占める上位25社の価値創造額は全体の約65%を占めている。その上位25社の業種と価値創造額，そして2016年時点のランキングからの増減，雇用者数を示したものが**図表2-10**である。

図表2-1で示したように，2014年から2018年にかけて価値創造100大企業のトップには，フォルクスワーゲンが君臨している。フォルクスワーゲンは2018年時点では，価値創造100大企業が生み出す総価値創造額330,271 Mio. Euroの約9.5%を占めるとともに，トップ25社の合計の約15%を生み出している。また，自動車製造の上位3社，フォルクスワーゲン，ダイムラー（Daimler AG），そしてBMW（Bayerische Motoren Werke AG）で見た場合，フォルクスワーゲン単体で，ダイムラーおよびBMWの価値創造額の合計に比肩する。図表2-10

**図表２－９**　2018年時点の価値創造100大企業

| | 価値創造額 (Mio. Euro) |
|---|---|
| 第１位から第25位 | 214,592 |
| 第26位から第50位 | 57,393 |
| 第51位から第75位 | 32,607 |
| 第76位から第100位 | 25,679 |
| 総価値創造額 | 330,271 |

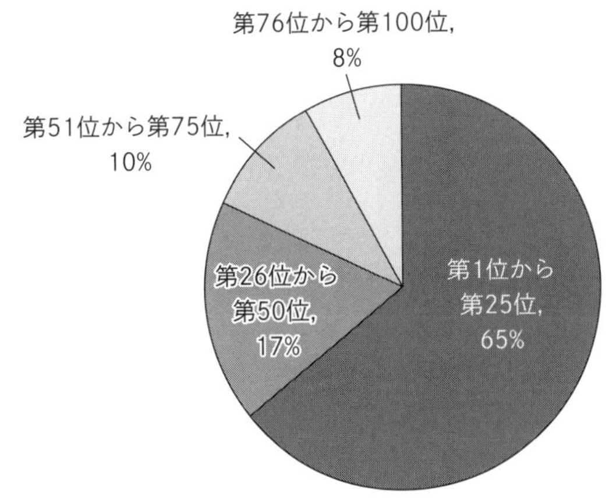


出所：Monopolkommission（2020）, S. 80-82にもとづき筆者作成。

と関連させて言及した場合，フォルクスワーゲンの価値創造額は第76位から第100位の合計である25,679 Mio. Euroを上回り，第51位から第75位の32,607 Mio. Euroに匹敵する。

さらに，自動車製造の上位３社，フォルクスワーゲン，ダイムラー，そしてBMWの合計額は64,215 Mio. Euroである。これは価値創造100大企業の総価値創造額の約20％に相当する。また，上位25社における自動車関連企業の価値創造額を表したものが**図表２－11**である。

トップ25社における自動車関連企業は，フォルクスワーゲン，ダイムラー，BMW，ロベルト・ボッシュ，INA，そしてZF（ZF Friedrichshaften AG）である。これらの企業の価値創造額の合計は90,272 Mio. Euroであり，価値創造100大企業の総価値創造額の約27％，トップ25社の総価値創造額の約42％を占めている。

ここまでの考察において，以下の点を指摘したい。図表２－１から図表２－４においても明らかなように，下位の企業ほど，ランキングの変動が激しく，ランクインや脱落が多い。その上，図表２－９のように，第76位から第100位の企業の総価値創造額は，価値創造100大企業の総価値創造額の約8％を占めるに過ぎず，フォルクスワーゲンの価値創造額よりも少ない。

図表2-10 トップ25企業の価値創造額の推移と雇用者数

| | 企業名 | 業種 | 価値創造額 (Mio. Euro) | 前回からの増減（%） | 雇用者数 (人) |
|---|---|---|---|---|---|
| 1 | Volkswagen AG | 自動車 | 31,517 | 26.8 | 292,729 |
| 2 | Daimler AG | 自動車 | 18,474 | −12.8 | 174,663 |
| 3 | Bayerische Motoren Werke AG | 自動車 | 14,224 | 0.1 | 92,725 |
| 4 | Deutsche Bahn AG | 交通インフラ | 13,347 | 13.3 | 196,334 |
| 5 | Robert Bosche GmbH | 自動車部品製造 | 12,551 | −3.0 | 139,422 |
| 6 | Siemens AG | 電機 | 12,056 | 0.6 | 113,000 |
| 7 | Deutsche Telekom AG | 通信 | 11,443 | −2.3 | 98,092 |
| 8 | INA-Holding Schaeffler GmbH & Co. KG | 自動車部品製造 | 8,506 | 12.1 | 96,675 |
| 9 | Deutsche Post AG | 郵便 | 8,160 | 2.1 | 145,628 |
| 10 | Bayer AG | 製薬 | 7,672 | 4.5 | 32,140 |
| 11 | Deutsche Lufthansa AG | 航空 | 6,951 | 14.6 | 72,716 |
| 12 | REWE-Gruppe | 小売 | 6,547 | 31.6 | 178,453 |
| 13 | BASF SE | 化学 | 6,483 | −2.9 | 53,534 |
| 14 | Deutsche Bank AG | 金融 | 6,480 | 55.2 | 41,669 |
| 15 | SAP SE | ソフトウェア | 6,078 | 6.7 | 21,122 |
| 16 | Airbus-Gruppe Deutschland | 航空 | 5,485 | 16.4 | 45,387 |
| 17 | Fresenius SE & Co. KGaA | 医療機器 | 5,258 | 0.5 | 88,086 |
| 18 | ZF Friedrichshafen AG | 自動車部品製造 | 5,000 | 24.1 | 50,974 |
| 19 | Vonovia SE | 不動産 | 4,579 | −1.2 | 8,989 |
| 20 | Schwarz-Gruppe | 小売 | 4,510 | −6.9 | 150,000 |
| 21 | thyssenkrupp AG | 鉄鋼 | 4,360 | 0.5 | 62,227 |
| 22 | E. ON SE | 電力 | 3,866 | new | 15,400 |
| 23 | Roche-Gruppe Deutschland | 製薬 | 3,697 | 6.2 | 13,659 |
| 24 | Allianz SE | 金融 | 3,694 | −11.8 | 37,566 |
| 25 | Merck KGaA | 小売 | 3.654 | 163.1 | 13,056 |
| | | | 214,592 | | 2,234,246 |

注：業種については，各社のHPを参考のうえ筆者作成。
出所：Monopolkommission（2020），S. 80-82にもとづき筆者作成。

## 2-6 小 括

これまでの考察により，以下の点が明らかとなった。

①独占委員会より２年ごとに公表される価値創造100大企業は，基準変更や企

図表２-11　トップ25社にランクインしている自動車関連企業

| | 企業名 | 業種 | 価値創造額 (Mio. Euro) |
|---|---|---|---|
| 1 | Volkswagen AG | 自動車 | 31,517 |
| 2 | Daimler AG | 自動車 | 18,474 |
| 3 | Bayerische Motoren Werke AG | 自動車 | 14,224 |
| 5 | Robert Bosche GmbH | 自動車部品製造 | 12,551 |
| 8 | INA-Holding Schaeffler GmbH & Co. KG | 自動車部品製造 | 8,506 |
| 18 | ZF Friedrichshafen AG | 自動車部品製造 | 5,000 |
| | | | 90,272 |

出所：Monopolkommission（2020），S. 80-82にもとづき筆者作成。

業の価値創造額の変動に伴い，ランキングより脱落あるいは，ランクインが発生する。さらに，価値創造100大企業の下位25社の変動はその他に比して激しく，経年での企業形態の分析には適していない。

②電力大手４社は2016年にすべてランキングから脱落するも2018年のランキングには復活している。しかしながら，E. ONとEnBWは価値創造額が回復あるいは上昇に転じたものの，RWEおよびヴァッテンフォール・グループ・ドイツは2018年時点においても回復に至っていない。

③2018年時点の価値創造100大企業の価値創造額の合計は330,271 Mio. Euroであり，第１位から第25位が全体の約65%，第26位から第50位は全体の約17%，第51位から第75位は全体の約10%，そして第76位から第100位の企業の価値創造額は価値創造100大企業の総価値創造額の約8%を占めるに過ぎない。

④トップ25社においては，自動車に関連した企業が６社存在し，これらの企業は価値創造100大企業の総価値創造額の約27%を生み出している。

## 3　価値創造100大企業の法律形態と企業統治

続いて，価値創造100大企業の法律形態と，その中における主要企業の企業統治について考察を行う。

**図表２-12**は，2018年時点の価値創造100大企業の法律形態を示したもので

図表2-12 価値創造100大企業の法律形態（2018年時点）

| | | 企業数 |
|---|---|---|
| 株式会社 | 単体 | 41 |
| | 国外企業のドイツ支社 | 24 |
| | AG & Co. KG | 2 |
| ヨーロッパ会社 | 単体 | 7 |
| | SE & Co. KG | 1 |
| | SE & Co. KGaA | 2 |
| 有限会社 | 単体 | 8 |
| | GmbH & Co. KG | 4 |
| 公営法的財団 | 単体 | 3 |
| 株式合資会社 | 単体 | 2 |
| 相互保険協会 | 単体 | 2 |
| 合資会社 | 単体 | 1 |
| 公的金融機関 | 単体 | 1 |
| その他 | 単体 | 2 |
| | | 100 |

注1：国外企業のドイツ支社は株式会社に分類した。
注2：公営法的財団には，Bayerische Landesbank（第62位），Versicherungskammer Bayern VöR（第86位），そしてLandesbank Baden-Württemberg（第90位）を分類した。
注3：相互保険協会は，HUK-COBURG（第71位）とDebeka-Gruppe（第82位）である。
注4：公的金融機関とは，KfW Bankengruppe（第40位）である。
注5：その他には，Aldi-Gruppe（第28位），HGV Hamburger Gesellschaft für Vermögens und Beteiligungsmanagement mbH（第42位）を分類している。
出所：Monopolkommission（2020），S. 80-82にもとづき筆者作成。

ある。本章においては，吉森（2015）で示された「混合企業形態[13]」については，「○○&」の場合，大分類としては「○○」の部分として区分し，「小分類」として「○○&」に区分する。

海道（2005；2013）においては，Monopolkomission（2014）以前の主要報告書に依拠して検討を行われている。その時点までの主要報告書には，Monopolkomissionが集計した価値創造100大企業の数が表で記載されていた。しかしながら，Monopolkomission（2016）以降にはその表記が行われていな

13 混合企業形態を採用するメリットについては，吉森（2015）を参照のこと。

いため，筆者が独自に分類を行った。国外企業のドイツ支社それ自体の法律形態，そして親会社との資本関係については，稿を改めて検討を行う。

以下においては，100大企業における法律形態の分類として最も数の多い①株式会社の価値創造額，二番目に多い②SEの価値創造額と③有限会社の価値創造額，そして②と③に関しては，具体的にどのような企業がそのような法律形態を採用しているのか，そして，①から③の企業が混同形態をどのように採用しているのかを明らかにする。

そのうえで，①と②における企業統治を法的な側面より考察を行い，どのような企業に向いた法律形態なのかを考察する。

## 3-1　株式会社の価値創造と企業統治

次に，価値創造100大企業における株式会社の価値創造と企業統治を明らかにする。**図表２-13**に示されているように，価値創造100大企業の中には株式会社が67社存在する[14]。そして，この67社の価値創造額の合計は240,029 Mio. Euroである。これは価値創造100大企業の価値創造額の合計の約74％を生み出している。

価値創造100大企業にランクインしている株式会社であれば，多くの場合，株式法が規定する上限の監査役会構成員である必要がある。株式法第95条では資本金額により監査役会の定員が規定される。そして第96条においては，共同決定に関連した法律，つまり共同決定法の適応を受ける企業，モンタン共同決定法の適応を受ける企業，共同決定補足法の第５条から第13条の適応を受ける企業，三分の一参加法の適応を受ける企業などに分類されている。

そして，共同決定法第１条において「2,000名を超える[15]」被雇用者を雇用している株式会社などは，この法律の適応を受けることになる。そして，同法第７条１項によれば，被雇用者が１万人以下の企業の場合には株主側代表６名と従業員代表６名の合計12名，被雇用者が１万人を超え２万人以下の企業は，株

---

14　ドイツにおける株式会社および，株式法の規定に関しては，高橋（2012）を参照のこと。

15　共同決定法第１条には，「mehr als 2.000」と表記されている。これは「2,000を超える」と翻訳しなければ，ドイツの企業の実態を明らかにすることは困難である。
ドイツ語で数字を表記する際に用いられる「.」は，日本語では「,」を意味する。

図表２-13　ドイツにおける巨大株式会社の企業統治

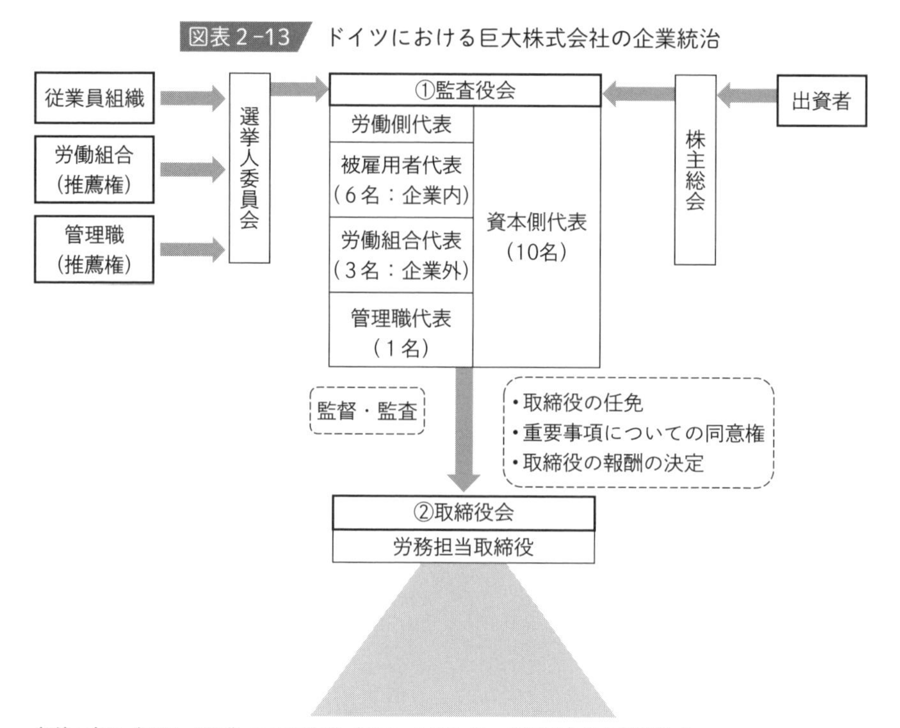


出所：吉田（1994，20頁）および海道（2013，14頁）に一部修正を加え筆者作成。

主側代表８名と従業員側代表８名の合計16名，そして２万人を超える被雇用者を雇用する企業は，株主側代表10名と従業員側代表10名の合計20名が必要となる。

そして，監査役会の構成員が20名と規定される企業においては，同法第７条において労働側の代表10名のうち，７名が当該企業の被雇用者代表であり，３名が外部の労働組合の代表が参加することが規定されている。しかしながら，第15条には労働側の被雇用者代表を選出する際には，当該企業の被雇用者代表の７名に「管理職代表」が含まれることになる。管理職の代表が被雇用者の利害のために行動するのか否か，については疑問が残る。

図表２-13は，ドイツにおける共同決定法の適用を受ける被雇用者数が２万人を超える株式会社の企業統治を図示したものである。

図表２-13に示したように，ドイツにおける巨大株式会社においては，監査

役会と取締役系に権限が明確に区分されている。また，数字上は図表２-13のように，資本側と労働側の監査役が同数によって構成される監査役会が存在し，監査役会には株式法第84条に規定されているように，取締役の人事および報酬の決定と取締役会の決定に対する同意権（の留保）の２点が存在する。

とりわけ，後者は非常に強大な権限であると考えられるものの，監査役会が取締役会に代わって業務執行を行うことを認めるわけではないことに注意が必要である[16]。ドイツにおける巨大株式会社においては，以上のような企業統治が敷かれているのである。

## 3-2　有限会社の価値創造と企業統治・システム

続いて，価値創造100大企業における有限会社について検討を行う（**図表２-14**）。価値創造100大企業における価値創造とその特徴，そして有限会社の企業統治・システムについて検討を行う。

### 3-2-1　2018年の価値創造100大企業における有限会社の価値創造

2018年時点では上位25社の中にもロベルト・ボッシュ（第５位）やINA（第８位）がランクインしており，価値創造100大企業で見ると12社の（混合形態を含む）有限会社が存在する。価値創造額で見た場合，価値創造100大企業の総価値創造額の約10％を有限会社が生み出している。有限会社形態と他の法形態との混合形態としては，INA，アスクレピオス（Asklepios Kliniken GmbH & Co. KG，第33位），アドルフ・ウルト（Adolf Würth GmbH & Co. KG，第39位），そしてオットー（Otto Group，第47位）の３社である。

そして，上位25社にランクインしているロベルト・ボッシュとINAが10社の価値創造額の合計の約３分の２を生み出している。そして，この両社と同様に自動車整備を中核事業とするアドルフ・ウルト（第39位）と，自動車部品製造を行っているマーレ（第81位）が存在する。これら４社は自動車関連企業をまとめることができる。

また，第33位のアスクレピオスと第74位のヴィヴァンテスは共に，医療サー

16　この点については，海道（2013）および，その研究が依拠しているGerum（2007）も参照のこと。

図表2-14 価値創造100大企業における有限会社の価値創造額と業種

| | 企業名 | 業種 | 価値創造額 (Mio. Euro) |
|---|---|---|---|
| 5 | Robert Bosche GmbH | 自動車部品製造 | 12,551 |
| 8 | INA-Holding Schaeffler GmbH & Co. KG | 自動車部品製造 | 8,506 |
| 20 | Schwarz-Gruppe | 小売 | 4,510 |
| 33 | Asklepios Kliniken GmbH & Co. KG | 医療サービス | 2,451 |
| 39 | Adolf Würth GmbH & Co. KG | 自動車整備 | 1,952 |
| 47 | Otto Group | 小売 | 1,567 |
| 60 | Deloitte GmbH Wirtschaftsprüfungsgesellschaft | 経営サービス | 1,351 |
| 70 | Stadtwerke München GmbH | 公共サービス | 1,235 |
| 74 | Vivantes - Netzwerk für Gesundheit GmbH | 医療サービス | 1,132 |
| 80 | dm-drogerie markt Verwaltungs-GmbH | 小売（医薬品） | 1,070 |
| 81 | MAHLE GmbH | 自動車部品製造 | 1,070 |
| 91 | Stadtwerke Köln GmbH | インフラ | 1,018 |
| | | | 38,413 |

注：業種に関しては，各企業のHPより推定。
出所：Monopolkommission（2020），S. 80-82にもとづき筆者作成。

ビスを提供する病院が有限会社形態を採用しているのである。さらに，経営サービスを提供するデロイト（第60位），そして公共サービスを提供するシュタットベルケ・ミュンヘン（Stadtwerke München GmbH，第70位）があり，12社中４社がサービスに関連した企業である。

したがって，価値創造100大企業においては自動車関連企業４社と，サービス提供企業４社で３分の２を占める。この点を鑑みると，価値創造100大企業において有限会社は，幅広い業種に採用されている企業形態であるとは言えない。

### 3-2-2　有限会社の企業統治

続いて，有限会社の企業統治について検討を行う。有限会社法第52条によれば，監査役会は任意の機関である（荒木，2007，163頁）。しかしながら，それは，上述のモンタン共同決定法，共同決定補足法，共同決定補足法，三分の一参加法，そして資本投資会社法の適応を受けていない場合のことである。

荒木（2007）によれば，「Beirat（顧問会）」や「Verwaltungsrat（管理表議会）」，あるいは「Gesellschafterausschuss（社員委員会）」という名称をつけていても，経営に対する監督の機能を果たしていれば，有限会社法第52条が規定する「監査役会」と見ることが可能である（荒木, 2007, 164頁）。

以上の意味においては，上記の５つの法律の適用を受けない有限会社の企業統治は，他の企業とは明確に異なるものの，本章において議論を行う100大企業に名を連ねる有限会社は，被雇用者500名を超える企業に適用される三分の一参加法により，監査役会を置く必要がある。したがって，明確に株式会社の企業統治の違いをつけるためには，非雇用者数を500名以下に抑えることが必要となり，これは企業規模が比較的小さな企業に限定される。

## 3-3　SEの価値創造額と企業統治のシステム

ヨーロッパ会社（ヨーロッパ株式会社とも，Societas Europaea，以下，SEと表記）はEU域内において行動する企業の利便性を高めるために，約30年近い議論を経て2004年に設置可能となった企業形態である[17]。Monopolkomission（2008）によれば，2004年時点では０社であったSEは，2006年時点では２社となり，Monopolkomission（2020）に記載されている価値創造100大企業のSEは10社（混合形態３社を含む）である。

SEの設立方法として，以下の４つの方法が存在する。SE法第２条１から４項によれば，①合併によるSEの設立，②持株会社によるSEの設立，③子会社によるSEの設立，そして④組織変更によるSEの設立である。

### 3-3-1　価値創造100大企業におけるSEの価値創造

価値創造100大企業においてはどのような企業が存在するのか，そしてSEはどのような企業に採用されている形態であるのか，を**図表２-15**にもとづいて検討を行う。

2018年時点において，価値創造100大企業の中に10社のSEが存在している。

---

17　この経緯に関しては，高橋・山口（2004；2006a；2006b）および海道（2005；2013）などを参照のこと。

図表2-15 価値創造100大企業におけるSE（2018年時点）

| | 企業名 | 業種 | 価値創造額 (Mio. Euro) |
|---|---|---|---|
| 13 | BASF SE | 化学 | 6,483 |
| 15 | SAP SE | ソフトウェア | 6,078 |
| 17 | Fresenius SE & Co. KGaA | 医療機器 | 5,258 |
| 19 | Vonovia SE | 不動産 | 4,579 |
| 22 | E. ON SE | 電力 | 3,866 |
| 24 | Allianz SE | 金融 | 3,694 |
| 30 | Bertelsmann SE & Co. KGaA | メディア | 3,196 |
| 35 | Rethmann SE & Co. KG | ロジスティクス | 2,251 |
| 61 | DEKRA SE | 検査 | 1,340 |
| 87 | Axel Springer SE | 出版 | 1,040 |
| | | | 37,785 |

注：業種に関しては，各企業のHPより推定。
出所：Monopolkommission（2020），S. 80-82にもとづき筆者作成。

そのうち，フレゼニウス（Fresenius SE & Co. KGaA，第17位），ベルテルスマン（Bertelsmann SE & Co. KGaA，第30位），そしてレーマン（Rethmann SE & Co. KG）という混合形態が存在する。

そして，2012年の時点ではSAPとアクセル・シュプリンガー（Axel Springer SE）は，両企業とも株式会社であった。世界的なソフトウェア企業と出版企業がSEに組織変更を行うなど，SEに組織変更を行う企業が増加している。価値創造額で見た場合，100大企業の総価値創造額の約12％を生み出しており，業種も順位を多様である。

### 3-3-2 SEの企業統治とそのメリット

そして，SEを選択する統治上のメリットについて検討を行う。上述のように，共同決定法が適用される2,000名を超える被雇用者を雇用している株式会社は，雇用している被雇用者数に応じて，監査役会構成員数と労働側構成員の内訳が規定される。しかしながら，SEの場合，共同決定法が適用されない。そしてSE法第38条の規定によって，監査役会構成員数を自社で決定することができる。同法第38条によれば，SEはａ）株主総会とｂ）監査機関とトップマネジメント機関からなる二元制システムあるいは，管理機関からなる一元制システムかを，その企業の定款で選択可能である。

二元制システムに関しての条項にのみ言及すれば，同法第39条から第42条が該当する。まず，トップマネジメント機関の構成員は監査機関により，選解任される（同法第39条２項）。そして，同条４項によれば，トップマネジメント機関の構成員数あるいは，それを確定するための規定は，SEの定款によって決定される。しかしながら，加盟国はトップマネジメント機関の最低限の構成員数の上限，あるいは下限（または両方）を規定することができるとされている。

そして，同法第40条１項は，監査機関はトップマネジメント機関による経営を監督することを規定している。また，同条３項では，監査機関の構成員の数，あるいは，それを確定するための規定は，定款により規定されるとある。しかしながら，加盟国は，加盟国の領域における登録されたSEに対して，監査機関の構成員の数（それ自体），あるいは，監査役会構成員の数の上限と下限（両方，あるいがどちらか）を規定することが可能である（SE法第40条３項２文）。海道（2008）によれば，当時のAllianz AGがSEに組織変更を行い，ガバナンス組織の簡略化を行っている（海道, 2008, 61頁以下）。

また，2012年にSEに組織変更を行ったE. ONも監査役会の構成員を2013年には，12名まで圧縮した[18]。

## 3-4　小　括

ここまでの考察で以下の事柄が明らかとなった。

株式会社（2018年時点）：

- 100大企業の中には株式会社が67社存在し，価値創造額の合計は240,029 Mio. Euro，すなわち価値創造100大企業の価値創造額の合計の約74％を生み出している。
- 「2,000名を超える」被雇用者を雇用している株式会社であれば，共同決定

18　現在のE. ONの監査役会の構成および，2012年時点との構成員数の変化については，第６章において考察を行う。

法の適用を受け，さらに２万名を超える場合は株主側代表10名。従業員側代表10名の合計20名からなる監査役会を置く必要がある。

有限会社（2018年時点）：

- 100大企業の中には有限会社は10社存在し，100大企業の総価値創造額の約10％を有限会社が生み出している。
- 有限会社の場合，監査役会を設置しなくても良いことがあるものの，被雇用者数が500人以下でなければ三分の一参加法の適用を受けることになるため，価値創造100大企業というフレームワークで議論するような企業とは無縁である。

SE（2018年時点）：

- 価値創造100大企業の中にはSEが10社存在し，価値創造額で見た場合，100大企業の総価値創造額の約12％を生み出しており，業種も順位も多様である。

本章の考察により，価値創造100大企業の実態の１部が明らかとなった。第６章においては，現在，価値創造100大企業のうち，10社が採用しているヨーロッパ会社の形態を採用しているE. ONに焦点を当て考察を進めていく。

## 4　おわりに

ドイツにおいては，どのような企業が主要な地位を占め，価値を創造しているのであろうか，というクエスチョンを明らかにするために，競争制限禁止法の規定により独占委員会が２年に一度発行している主要報告書に依拠して検討を行った。

繰り返しになるが，ドイツにおいては価値創造100大企業がドイツ全体の価値創造の約15％を生み出し，その中の約65％はトップ25社の価値創造である。このトップ25社を考察した場合，確かにロベルト・ボッシュやINAがランクインしているものの，大半は株式会社と株式会社から組織変更を行ったSEである。

ドイツでは，（有限会社形態の新規設立が行えなくなった）日本と異なり，有限会社や株式合資会社などの企業形態が価値創造100大企業の中に存在するものの，その多くが価値創造100大企業の下位企業であり，これをもって「ドイツの大企業は有力企業であっても株式会社以外の形態を採用しており，それがドイツの特長である」と判断を下すことは早計である。

最後に，今後の検討課題について若干の議論を行いたい。まず，主要報告書で議論されている価値創造は，企業の売上とはどのような関係にあるのか，についての検討は必要である。そして，この価値創造の金額を上げるためにはどのような方法が有効か，についても明らかにする必要がある。

また，2022年には競争制限禁止法の規定に従い，2020年時点のデータを反映した主要報告書が発行される。2020年1月以降，全世界を覆った「コロナ禍」が，ドイツの価値創造100大企業にどのような影響を及ぼしたのか，が明らかとなることが予想される。日本においても，日本航空や全日本空輸は「コロナ禍」にともなう国際線の激減により，大幅な減収減益が確定的である。2014年・2016年には第13位，2018年には第11位と安定的に価値創造を行っていたルフトハンザ（Deutsche Lufthansa AG）は，ランキングから脱落するのか，など注目するべき点は多々存在する。

**【参考文献】**

Gerum, Elmar（2007）*Das duetsche Corporate Governance-System*, Stuttgart.
Monopolkomission（2016）*Hauptgutachten XXI: Wettbewerb 2016.*
Monopolkomission（2018）*Hauptgutachten XXII: Wettbewerb 2018.*
Monopolkomission（2020）*Hauptgutachten XXIII: Wettbewerb 2020.*
v. Werder, Axel（2015）*Führungsorganisation, Grungdlagen der Corporate Governance, Spitzen- und Leitungsorganisation*, 3. Aufl., Wiesbaden.

荒木和夫（2007）『ドイツ有限会社法開設（改訂版）』商事法務。
岡本丈彦（2014）「ドイツにおけるコンツェルンの管理構造―取締役の兼任を中心として―」日本経営学会編『経営学の学問性を問う』（『経営学論集』第84集）pp.［G］1-11，千倉書房。
海道ノブチカ（2005）『ドイツの企業体制―ドイツのコーポレート・ガバナンス―』森山書店。
海道ノブチカ（2008）「EUの統合深化とヨーロッパ会社（SE）―利害多元的ヨーロッパ・モデルの進展―」片岡信之・海道ノブチカ編著『現代企業の新地平―企業と社会の相利共生を求めて―』pp.51-64，千倉書房。
海道ノブチカ（2013）『ドイツのコーポレート・ガバナンス』中央経済社。
高橋英治・山口幸代（2004）「欧州におけるコーポレート・ガバナンスの将来像―欧州委員

会行動計画書の分析―」『商事法務』第1697号，pp.101-112。
高橋英治・山口幸代（2006a）「EUにおける企業法改革の最新動向―行動計画の実現過程およびドイツの改革状況―（上）」『国際商事法務』第34巻第３号，pp.301-310。
高橋英治・山口幸代（2006b）「EUにおける企業法改革の最新動向―行動計画の実現過程およびドイツの改革状況―（下）」『国際商事法務』第34巻第４号，pp.443-450。
高橋英治（2012）『ドイツ会社法概説』有斐閣。
正井章筰（2003）『ドイツのコーポレート・ガバナンス』成文堂。
正井章筰（2009）「ドイツにおけるコーポレート・ガバナンス強化への取り組み（上）―「取締役報酬の適切性に関する法律」を中心として―」『監査役』第564号，pp.82-94。
正井章筰（2010）「ドイツにおけるコーポレート・ガバナンス強化への取り組み（下）―「取締役報酬の適切性に関する法律」を中心として―」『監査役』第565号，pp. 59-70。
吉田修（1994）『ドイツ企業体制論』森山書店。
吉森賢（2015）『ドイツ同族大企業』NTT出版。

# 第3章

# ドイツの企業倫理

## 1　はじめに

ドイツにおいて企業倫理は,「経済と企業の倫理学（Wirtschafts- und Unternehmensethik)」という枠組みで議論されている。米国や日本において企業倫理は,“Business Ethics”として,主として実践的な観点から,個々の企業行為の倫理性が問われているのに対し,ドイツにおいては,企業は何よりもまず社会において経済的な活動主体であり,経済行為の倫理的考察たる経済倫理の枠組みの中で,企業行為の倫理学である企業倫理が議論されているのである[1]。これは,ドイツの経営学（経営経済学）（Betriebswirtschaftslehre）が,伝統的に企業の経済的側面（価値の流れ）の考察に重きを置いてきたことと軌を一にする。

ドイツにおいて企業倫理に関する考察は,これまで,ドメスティックな研究展開の中で,理論や方法論の考察が中心として展開されてきた。これについても従来のドイツの経営経済学の特質と軌を一にしており,企業倫理の実践的研究が隆盛している日米の状況から見れば,このような展開はある意味で非常に独特なものでもある。しかしながら近年では,理論的研究と同時に実践的考察も盛んに行われており,また多くの論者が英語で研究成果を発表することで,グローバルなレベルでの研究も志向されはじめている。

またドイツ企業の企業倫理実践も,ドイツには世界的な大企業が数多くあるという点からも,非常に重要な研究対象となる。日本と同様,ドイツでも断続

1　ドイツと米国の企業倫理を対比させた研究として例えば,Palazzo（2000),田中（2011）を参照。

的に企業不祥事が生じ，そのたびに企業倫理が問われる事態となっている。2015年に発生したフォルクスワーゲン（Volkswagen AG）の燃費不正事件は格好の企業倫理研究の対象となったし，最近でも2020年にドイツのフィンテック最大手ワイヤーカード（Wirecard AG）において不正事件が起き，CEOが逮捕されるという事態になった。ドイツでも再び企業倫理が注目される状況になっていると言える。

そもそも企業倫理は，企業経営に関する「よいこと」を追求する学問である。その意味で，ドイツの企業倫理を探ることは，ドイツ企業経営における「よいこと」の本質を探るということでもある。

本章では，そのようなドイツにおける企業倫理の特質を，理論と実践の両側面から検討することにより，ドイツの企業倫理の全体像やその特質を描き出すこととしたい。まず第２節では，ドイツ企業倫理の理論的展開について，ドイツ企業倫理を特徴づける「経済倫理」と「企業倫理」の関係，ドイツ企業倫理の多様な理論的アプローチ，ドイツ経営経済学における企業倫理的アプローチなどを概観し，ドイツ企業倫理の理論的特質を明らかにする。第３節では，ドイツ企業倫理の社会経済的背景を探るために，ドイツ特有の経済システムである「社会的市場経済」や，ドイツにおいて重要な概念である「連帯」「共同体」“Ordnung” について検討し，それらの企業倫理との関連を考察する。第４節では，ここでのドイツ的な研究潮流の考察を踏まえて，企業倫理行為を方向づけるフレームワークと，自発的な行為としての企業倫理実践の相互関係から，ドイツ企業倫理の実践を見ていく。最後にまとめる[2]。

## 2　ドイツの企業倫理：理論的展開

### 2-1　ドイツにおける「経済倫理」と「企業倫理」の関係

上で述べたとおり，ドイツの企業倫理は，「経済と企業の倫理学」という枠組みの中で議論されているが，ここでまず，ドイツの企業倫理を特徴づける

2　日本におけるドイツの企業倫理に関する研究として，すでに例えば田中（1997），鈴木（2000），風間（2003），万仲（2004；2009），松田（2010），岡本（2011）などがある。

「経済倫理（Wirtschaftsethik）」と企業倫理の関係について見てみよう。

ベルント・ノル（Bernd Noll）は経済倫理を，①秩序倫理，②企業倫理，③個人倫理に区別している（Noll, 2013, S. 44ff.)。秩序倫理はマクロレベルの倫理であり，「公正な」「正当な」経済秩序を考察する。市場経済の倫理性を問うのが課題であり，どのような制度やルールを用いて反倫理的状態を解決するのかが志向される。他方，個人倫理はミクロレベルであり，他人や環境に対する個々人の義務が考察される。そして企業倫理は「メゾレベル」であり，組織としての責任を考察する。具体的には，組織構造や組織文化，企業管理の倫理的方向づけが問題となる。メゾレベルは秩序レベルにも行為レベルにも関係し，両者を仲介する役割もある。その意味で，メゾレベルである企業倫理は社会的に非常に重要な位置づけにあると言える。

## 2-2　ドイツ「経済と企業の倫理学」の理論的アプローチ

次に，ドイツにおける「経済と企業の倫理学」の理論的アプローチを見てみよう。

上で述べたとおり，ドイツの「経済と企業の倫理学」は理論的・方法論的な研究が中心となって展開されてきた。そこでは，倫理学者や経済学者，経営学者を中心として，さまざまなアプローチが展開されているが，いずれも独自の理論構築を目指しており，米国や日本における実践的な研究とは一線を画している。

ドイツにおける経済と企業の倫理学の代表的な理論的アプローチとして，カール・ホーマン（Karl Homann）とその協働者たちによる「オルドヌンク倫理学（Ordnungsethik; Order Ethics）[3]」，ヨゼフ・ヴィーラント（Josef Wieland）による「ガバナンス倫理学（Governanceethik）」，ペーター・ウルリッヒ（Peter Ulrich）の「統合的経済倫理学（Integrative Wirtschaftsethik）」，ホルスト・

---

3　ホーマンの高弟インゴ・ピーズ（Ingo Pies）は，近年，彼の協働者と共に「オルドノミック・アプローチ（Ordnomik；Ordnomic Approach）」を展開している。このアプローチは，ホーマンの「オルドヌンク倫理学」を基礎として，独自の展開をしているものであるが，基本的な考え方はオルドヌンク倫理学を踏襲しているものである。オルドノミック・アプローチについて詳しくは柴田（2017）を参照。

シュタインマン（Horst Steinmann）らの「共和主義的倫理学（Republikanische Ethik）」，ハンス＝ウルリッヒ・キュッパー（Hans-Ulrich Küpper）の「分析的企業倫理学（Analytische Unternehmensethik）」などがある（Vgl. van Aaken & Schreck, 2015）。

ホーマン学派による「オルドヌンク倫理学」は，経済倫理を制度倫理，企業倫理を行為倫理ととらえる（Vgl. Homann & Blome-Dress, 1992）。経済倫理においては，囚人のジレンマモデルのような，個々人の利益と全体の利益が合致しないような「ジレンマ構造」が反倫理的行為の原因ととらえられ，この解決について，個々人が倫理規範を遵守するインセンティブを持つよう，ルールや制度によって方向づけることが課題となる。しかし，そのようなジレンマ構造は，ルールや制度によって完全に解決するわけではない。ルールの形成にも当然コストがかかるのであり，それを補うのが企業倫理である。企業は，社会に多大な影響力を持つ主体であり，そのようにルールが不完全な場合に，企業が企業倫理を発動することにより，その不備を補うことができるのである。そのような企業倫理が，制度倫理を補う行為倫理と見なされる。

ヴィーラントの「ガバナンス倫理学」は，ホーマン学派の考え方に近いものである（Vgl. Wieland, 2007）。彼はオリバー・ウイリアムソン（Oliver Williamson）の取引費用経済学に基づいて，取引費用の削減という観点から，さまざまな制度を導入することにより，企業の倫理的行為の方向づけを考える。基本的に経済学的発想がベースにあり，一部社会学的な研究成果も取り入れている点，そして企業倫理に重点を置いている点が，ホーマン学派と異なる点である[4]。

ウルリッヒの「統合的経済倫理学」，シュタインマンらの「共和主義的倫理学」は，ホーマン学派やヴィーラントの経済学的アプローチとは対立的な主張である（Vgl. Ulrich, 2008; Steinmann & Löhr, 1991a）。彼らは，ユルゲン・ハーバマス（Jurgen Habermas）の討議倫理，あるいはパウル・ローレンツェン（Paul Lorenzen）らの構成主義的な科学哲学などをベースとして，経済合理性に基づく行為の非倫理性を指摘し，他のロジックに沿った企業行為を提示

4　ヴィーラントのガバナンス倫理学については柴田（2014）も参照。

する。彼らによれば，企業の利潤追求は無制限に容認されるべきでなく，それが何らかの問題をもたらすものなのであれば，積極的に制限されるべきであると考えている。そして，両アプローチはその内容について異なる点がありつつも，さまざまなステイクホルダー間の「対話」に，経済合理性に代わる，倫理的な経済行為の源泉を求める点で，近接関係にあると言えるだろう。

キュッパーの「分析的企業倫理学」はこれまで挙げたアプローチと異なる特徴を持っている。キュッパーは経営経済学者であり，コントローリングや会計分野での業績が多数ある著名な研究者だが，企業倫理にも関心を寄せ，2005年に『企業倫理―背景・コンセプト・応用領域』を刊行している[5]。そこでは，倫理学的な研究潮流も踏まえながら，あくまで経営経済学の実践志向の立場に立ち，企業経営にとっての企業倫理の意義を分析的に検討するという立場から「分析的企業倫理学」なる名称が与えられている。その分析は，基本的にキュッパーが属する，エーリッヒ・コジオール（Erich Kosiol）を中心とする研究者集団（コジオール学派）の伝統に沿ったものとなっている。

このように，ドイツにおいて企業倫理は，「経済と企業の倫理学」の下に，多様なアプローチによる展開が見られる。

このような研究が促進されているアカデミックな場が，2000年より刊行されている，専門雑誌「経済と企業の倫理学雑誌（*Zeitschrift für Wirtschafts- und Unternehmensethik*）」である[6]。現在まで年３回の発行ペースで刊行が続けられており，経済倫理，企業倫理の専門家を中心に，多種多様な領域の研究者が，経済と企業の倫理的問題について，倫理学的考察を中心にしつつも，学際的にアプローチしている。毎号トピックが選定され，それに関する論考が掲載されている。

## 2-3　ドイツ経営経済学における企業倫理

さらに，ドイツにおける「経済と企業の倫理学」の展開とは別に，ドイツ経営経済学においても，企業倫理あるいはそれに類する考察が行われてきた。例

---

5　2011年に２版が刊行されている。Küpper（2011）を参照。

6　ウェブサイトは以下である。https://www.zfwu.nomos.de/（最終閲覧日：2020年10月29日）

えばドイツ経営経済学の初期にはヨハン・フリードリッヒ・シェーア（Johann Friedrich Schär）が規範的な立場から商人道徳を説いたし，「規範学派」の代表的論者であるハインリッヒ・ニックリッシュ（Heinrich Nicklisch）の「経営共同体（Betriebsgemeinschaft）」の議論は，共同体の構成員に対する公正な成果分配を論ずる点で，企業倫理とつながるものである。また，戦後の規範主義を代表するエーリッヒ・ロイトルスベルガー（Erich Loitlsberger），ヴォルフガング・シュテーレ（Wolfgang H. Staehle）らの新規範主義経営経済学は，ドイツ基本法の理念もベースとして人間の尊厳を重視する経営経済学を展開した。さらに，上ですでに説明したシュタインマンらは元来経営経済学者であり，「企業体制（Unternehmungsverfassung）」の研究を進める中で，構成主義の科学哲学をベースに，「対話」を基礎とする企業倫理論へと発展した。彼らのアプローチは，経営経済学における企業倫理研究の代表格であったが，その過程で「共和主義的倫理学」という名称のもとに，当初の枠組みを超え，「経済と企業の倫理学」のアプローチと見なされるようになっている。加えて，ヴィルヘルム・カルフェラム（Wihlhelm Kalveram）はキリスト教主義の立場から人間重視の経営経済学を志向し，これについても規範主義的アプローチの1つとしてとらえられている[7]。

このように，ドイツ経営経済学における企業倫理研究は，規範主義的なアプローチが中心となっているが，もともと実践志向の経営経済学において，企業不祥事などによる企業倫理の重要性を鑑み，ドイツ語圏の経営経済学雑誌においても企業倫理に関する特集が何度か組まれている。

例えば1992年には，*Zeitschrift für Betriebswirtschaft*（*ZfB*）の別巻（Sonderheft）において，「企業倫理」に関する特集が組まれ，その後，Gabler社より，エーリッヒ・グーテンベルク（Erich Gutenberg）の高弟ホルスト・アルバッハ（Horst Albach）の編による『企業倫理―コンセプト・限界・パースペクティブ―』が出版されている（Vgl. Albach（Hrsg.），1992）。ここでは，主に経済倫理の論者による，経済倫理や企業倫理の可能性に関する論考が中心であり，経済倫理の一応用分野としての企業倫理がいかなる可能性を持っているのかに

7　ドイツ経営経済学における企業倫理の展開についてはSteinmann, Löhr & Suzuki（2003），山口（2009）を参照。

ついて，原理的・方法論的考察が行われている。

また，2010年には，スイスの経営経済学雑誌である*Die Unternehmung*において，「経営学の一分野としての企業倫理とCSR」という特集号が組まれた（Vgl. Scherer / Butz (Hrsg.), 2010）。ここでは，経営経済学における企業倫理の可能性が検討され，組織論や財務論などの観点からの考察もなされている。

さらに2011年には，キュッパーとその弟子フィリップ・シュレック（Philipp Schreck）の編により，*ZfB*誌上で「企業倫理の研究と教育（Unternehmensethik in Forschung und Lehre）」というタイトルの下に，企業倫理に関する特集が組まれている（Vgl. Küpper & Schreck (Hrsg.), 2011）。この特集でも，経営学における企業倫理の可能性について，倫理教育，経営者行動，インセンティブシステムと企業倫理などの観点からの論考が提示されている。

しかし，ドイツの経営経済学における「企業倫理」の位置づけは，必ずしも好意的なものばかりではない。その重要性はつねに叫ばれてきたものの，規範学派に対する否定的なイメージも相俟って，企業倫理に対する批判的な論考が出されており，「論争」の様相を呈するようになっている。

例えば経営税務論などの分野で活躍したディーター・シュナイダー（Dieter Schneider）は，シュタインマンやウルリッヒの企業倫理論に対して，*zfbf*（*Schmalenbachs Zeitschrift für betriebswirtschaftlicher Forschung*）誌上で批判的な論考を掲載し，両者と論争を繰り広げた（Vgl. Schneider, 1990；1991, Steinmann & Löhr, 1991b, Ulrich, 1991）。またアルバッハも，ウルリッヒの弟子であるウルリッヒ・ティーレマン（Ulrich Tielemann）らに対し，*ZfB*（*Zeitschrift für Betriebswirtschaft*）誌上で批判的な論考を提示し，両者の間で議論が戦わされた（Vgl. Albach, 2005；2007, Thielemann & Weibler, 2007a；2007b）。

この二つの「論争」では，大まかにいえば，シュナイダーやアルバッハが，伝統的な経営経済学の立場から，倫理規範を持ち出す企業倫理の分析が社会科学としての経営経済学に適さないとし，市場経済における企業の利潤追求活動の重要性などを論拠として，企業倫理を否定的にとらえているのに対し，シュタインマンやウルリッヒ，ティーレマンらは，企業不祥事などの問題を出発点として，企業の利潤追求活動を否定的にとらえ，企業倫理活動の重要性を指摘している[8]。

ドイツ経営経済学は伝統的に，資本主義市場経済における企業活動，とりわけ「価値の流れ」と「組織」の問題を考察してきたのであり，企業の利潤追求行動は，基本的に是ととらえられてきた。これらの論争により，伝統的なドイツ経営経済学における企業倫理に対する見方が浮き彫りになったと言える。

以上，ドイツにおける企業倫理に関して，理論的な展開を見てきた。上で明らかになったように，ドイツの企業倫理の理論的研究は，「経済と企業の倫理学」という，応用倫理学の一分野としての展開と，経営経済学者による経営経済学の一分野としての展開という２つの方向性がある。前者は倫理学の立場からの研究であり，理論的・方法論的展開が重視され，後者は経営経済学の実践的伝統を踏まえた展開がなされているが，両者は重なり合いながら，お互いに参照し，刺激を与え合いながら発展してきていると言える。

## 2-4　ドイツ企業倫理の特質

ドイツの企業倫理の理論的特徴は何だろうか。例えばドミニク・ファン・アーケン（Dominik van Aaken）とシュレックは，「経済と企業の倫理学」の課題を，根拠づけ，解明と応用（実践）としているが（van Aaken & Schreck, 2015, S.7－8），ドイツの企業倫理の理論は，その立場は異なるとしても，いずれも倫理的行為がいかに基礎付けられるのか，そしてそれがどのように解明され，さらに企業実践に応用されるのかを重要な課題としている。特に企業倫理を考える場合には，企業の実務的インプリケーションが重要視されることは，経営経済学の科学目標とも一致するところである。

また，ドイツの企業倫理の理論においては，市場経済における倫理的行為の理論的分析，そして経済学と倫理との関係性も強く意識される。

例えばホーマンとクリストフ・リュトゥゲ（Christoph Lütge）は，共著『経済倫理入門』の中で，経済倫理を「市場経済の秩序に関する倫理的根拠付け」，企業倫理を「企業の行為における道徳規範の行使」と定義しているが（Homann & Lütge, 2013, S. 13），ドイツの企業倫理の教科書を見ても，その

8　この論争の経緯について詳細は柴田（2012）を参照。

多くが，まず倫理学一般，そして経済倫理に関する考察を踏まえて，企業倫理の考察を行っている。経済倫理の考察においては，資本主義における市場経済体制において，いかに倫理的行為が実現されるのかが問われる[9]。

またその中で，市場経済に関する理論である経済学が自らのアプローチとどのような関係にあるのかが自覚される。例えばホーマンやヴィーラントのアプローチは経済学に親和的であり，ウルリッヒやシュタインマンのアプローチは反経済学的である。

さらに，ドイツの企業倫理は，全体として制度倫理志向である。もちろん多種多様なアプローチがあり，個人倫理的なアプローチも存在しているが，先に挙げた主要な理論は，いずれも企業倫理を考える上で，経営者，あるいは従業員などの組織構成員の個人的な倫理観のみに倫理性を求めるというアプローチではなく，倫理綱領（コーデックス），経営理念，企業文化などの制度から倫理的行為を考える。ドイツ企業倫理の多くが，このような立場を取っている。

さらに，ドイツの企業倫理においては，経済倫理の考察をベースとすることから，経済に関する倫理的考察を踏まえて議論される。よって，まず市場経済がいかに倫理を実現できるのかという問題が議論され，その中で，企業がどのように貢献できるのかが問われるのである。つまり，国家の社会経済政策など，社会全体をカバーする観点から企業の倫理的行為が議論されるのである。この考え方に従えば，例えば企業倫理の問題が発生したときに，その責任がすべて企業に負わせられなければならないというわけではなく，例えば国や地方自治体のルールや条例などによる規制によって解決できるのであれば，企業が個別に倫理行為を発動する必要はない。逆に，企業側も国や地方自治体などとの関係の中で，ルールや規制に対する働きかけを行うこともできる。ドイツ流の「経済と企業の倫理学」の立場に立てば，社会経済全体の観点から企業の倫理的行為を考察することができるのである[10]。

---

9　ホーマン学派の場合には，「秩序（Ordnung）」がそのカギとなる。

10　このようなドイツの企業倫理における「経済倫理」優位の考え方は，例えば藤井（2005）の指摘するような，ドイツをはじめとするヨーロッパの「エリート主義」とも関係するのかもしれない。すなわち，社会を牽引する「エリート」が倫理の枠組みを設定し，企業はそれに従う，という図式である。

このようなドイツ企業倫理の理論的特徴は，ドイツで刊行されている企業倫理の教科書の構成や内容を見てもわかる。

例えば，ドイツで出版されている企業倫理の教科書としてはおそらくもっとも多くの版を重ねている，エリザベート・ゲーベル（Elisabeth Göbel）の『企業倫理―基本と実践―』（Göbel 2017[11]）の構成は，まず第１章が「倫理学の基礎」であり，基本概念とさまざまな倫理学的潮流が解説されている。第２章は倫理学と経済学の関係，第３章が倫理学と経済学の関係モデル，第４章が応用経済倫理学の領域となり，第５章以降で企業倫理が議論される。ここでは，ステイクホルダー分析，正当性の問題，企業倫理の戦略的要素，制度的促進などが議論されている。

また，ノルの『市場経済における経済と企業の倫理学』（Noll, 2013）でも，企業倫理は「市場経済」という観点から考察されている。企業は経済的主体であり，最大限かどうかは置いておいて，利潤を追求しなければならない存在であるが，しかし同時に，社会性も考慮しなければならない。「市場」は企業の経済性を体現する場であると同時に，社会性を体現する場でもある。このように「市場」を核として考える方法は，ドイツの「経済と企業の倫理学」に特有のものである。

さらに，ペーター・ミヒャエル・バーク（Peter Michael Bak）の『経済と企業の倫理学入門』（Bak, 2014）は，倫理学の基本概念，倫理学の見方，モラルと経済，経済的アクターの倫理学を論じた後で，企業倫理の考察を行っており，ドイツの「経済と企業の倫理学」の伝統に沿った構成となっている。

日本では企業倫理の教科書自体が少ないが，「経済倫理」との関連で企業倫理が議論されているものはさらに少ない。この意味で，ドイツの企業倫理の特徴はまさに「経済と企業の倫理学」という点にあると思われる。つまりそれは，経済における「よいこと」を土台として，企業がどのように「よいこと」を追求するのか，という問題でもある。

---

11　2020年時点で第５版となっている。

## 3　ドイツ企業倫理の社会経済的背景

以上のようにまとめられるドイツの企業倫理の理論的展開は，米国や日本とは異なる，ドイツの社会経済的基盤に根ざしたものだと考えられる。そしてそれが，本書でテーマとなる，ドイツにおける「よいこと」に関わるものである。以下，ドイツの社会経済的基盤を特徴づける経済体制や概念を取り上げていくことにする。

### 3-1 「社会的市場経済」

ドイツ特有の経済システムである「社会的市場経済（soziale Marktwirtschaft）」は，企業倫理にとっても非常に重要な概念である。社会的市場経済とは，基本的に市場経済のプロセスを重視するが，その市場経済が社会に対し何らかの負の影響を与える場合，国家や規制主体が積極的に介入し，ルールや制度を導入することによって負の影響を排除することも肯定的にとらえる考え方である[12]。これは，米国流の，個人の自由やそのような個人間の競争を重視する市場経済とは異なり，市場経済を重視しつつも，市場経済において生じる負の影響を，国家などの規制主体が排除することで国民の福利厚生を実現するという点で，経済的概念であるだけでなく，倫理的な概念をも包含している。

米国流の自由な市場経済を前提とすると，企業倫理活動は，市場経済における個別企業の自由な活動の一環と見なされる。よって，それは個別企業の自発的な行動であり，自身の利益になると見越した行動であると解釈可能である。

それに対して，ドイツの社会的市場経済を前提とすれば，企業倫理は社会全体の厚生に寄与するものでなければならず，個別企業が自由に行うというよりも，全体経済のルールや制度と連携して実施されるべきものである。これは，先にドイツ流の「経済と企業の倫理学」の特徴としてあげたことと一致すると

12　社会的市場経済については例えば黒川（2012）を参照。また，社会的市場経済の思想的基盤となったフライブルク学派のオルドリベラリズム（オルド自由主義，秩序自由主義）については，鉢野（2011）を参照。

ころであるが，国のルールや経済政策が企業倫理活動と有機的に連携して社会全体の厚生につながるかどうかが企業倫理のカギとなるだろう。

これは，逆に言えば，ドイツでは企業に過剰な企業倫理が期待されない，ということでもある。例えば林（2017）によれば，ドイツの社会的市場経済の下では高度な社会保障に対する税負担も重いため，経済政策に関して国家の役割が重視され，その分，企業に対する期待も相対的に低く，自主的な企業倫理やCSRが育ちにくいという。また，ドイツでは（日本と同様）中小企業（Mittelstand）の数が多く，個々の中小企業には企業倫理やCSRに積極的に取り組む意識も低いため，その分より国家に企業倫理的な役割も求められるのである。このような特徴はもちろん，企業倫理やCSRの意義を減じさせるというものではなく，むしろ国家による規制あるいはルールの制定をベースとしながら，そのような規制がカバーできないところで企業倫理が力を発揮するという形で補完的に考えることができる点にメリットがある。市場経済における倫理行為は，社会経済全体の観点から，ルールのような制度倫理と企業倫理のような組織倫理・行為倫理とセットで考えられる必要があるのである。

### 3-2 「連帯」

このような「社会的市場経済」の考えにも現れているのが，「連帯（Solidarität）」という概念である。この概念は英語にもあり，日本でも用いられるが，しかしドイツでは実にさまざまな場面で使われており，まさにドイツにおける「よいこと」と関連するものと考えられる。

「連帯」とは，「二つ以上のものが結びついていること」「二人以上の者が共同である行為または結果に対して責任を負うこと」（大辞泉）であるが，特にドイツの場合，東西ドイツ統一の際に，西ドイツが東ドイツを実質的に併合するという状況の中で，同じドイツ国民としてのつながりを意識させる言葉でもあった。また2020年のCOVID-19（いわゆる新型コロナウイルス）の世界的流行の際にも，連邦首相（Bundeskanzlerin）アンゲラ・メルケル（Angela Merkel）が，全ドイツ国民に向けたビデオメッセージの中で，戦後最大の難局を乗り越えるために「連帯」を呼びかけた。

田中（2004）や松田（2010）は「連帯」がドイツの企業倫理において重要な

概念であると述べているが，それは社会的市場経済の考えにも通じるものである。企業もまた，社会を構成する重要なプレイヤーの1つであり，他のさまざまなプレイヤーとともに，社会全体への「責任」を共に負っているのである。

## 3-3 「共同体」

また「共同体（Gemeinschaft）」という言葉も，ドイツにおいてさまざまな意味を持つ言葉であり，経営経済学においても，先に示したニックリッシュによって「経営共同体」概念が提示されているように，ドイツの企業経営を特徴づける概念として取り上げられる。それがもっとも現れているのが，ドイツの「共同決定法（Mitbestimmungsgesetz）」だろう。共同決定法は従業員を対象にするものであるが，企業は資本側，経営側の所有物ではなく，従業員も含めた「共同体」であるという認識から来ているものである[13]。

この「共同体」概念は先の「連帯」とも通ずる概念であるが，ただし，国家社会主義ドイツ労働者党（ナチス）が，「民族共同体」という概念により全体主義的政策を肯定するものとして使用したため，その取り上げ方には注意が必要である。

## 3-4 “Ordnung”

さらに，ドイツにおいて重要な言葉として“Ordnung”がある。英語で言えばOrderであり，日本語にすると「秩序」であるが，ドイツ語のOrdnungには単に「秩序」という以上の意味がある。例えばドイツでは，“Alles in Ordnung”という慣用句が日常的によく使われる。「問題ない」「うまくいっている」というような意味であるが，それらが「秩序Ordnung」という言葉が結びついているのであり，ドイツ人にとって「秩序だっていること」が肯定的にとらえられていることがわかる。第2節で取り上げたホーマン学派の「オルドヌンク倫理学」は，まさにこのOrdnungに倫理の源泉を見ているのである。

ここで検討した概念は，いずれも米国や日本とは違う，ドイツ的な特質を表

13　ドイツの企業共同体の思想的・歴史的背景については例えば，吉森（2015），第3章を参照。

すものであり，先に取り上げたドイツ企業倫理の理論的アプローチの特徴にも通ずるものである。つまりドイツは，米国流の個人の自由を追求する社会ではなく，個人主義をベースとしながら，社会全体の厚生の実現をも重視し，両者のバランスを取ろうとしているのである。

例えばホーマン学派のオルドヌンク倫理学のような「契約論」的な立場に立てば，倫理規範は参加する人々の「合意」に基づいて構築されるものである。ドイツにおいて「連帯」「共同体」「秩序」といった概念が人々によって重要視されているという合意がある場合には，企業はそのような合意に沿うことが「倫理的」であり，「よいこと」として実行すべきなのである。この意味で，ドイツの企業倫理を考える上では，やはり個々の企業の企業倫理やCSRのみに焦点を当てるのではなく，社会という全体的な観点がつねに意識されなければならないと言えよう。

## 4　ドイツ企業倫理の実践

ドイツの企業倫理については，これまで検討してきた通り，一方できわめて強い理論志向・方法論志向があるのに対し，他方で企業倫理は実践的でなければならないという意識も強い（松田, 2010）。例えばアンドレアス・ズーハネク（Andreas Suchanek）が，高度に理論的な著作『企業倫理―信頼に投資する―』（Suchanek, 2015）において，（企業）倫理は「日常に使えるもの」でなければならないと述べているように，経済倫理における理論的な考察が，企業倫理においては実践で実現されなければならないのである。

これまで見てきたドイツ企業倫理の理論的観点から見れば，企業倫理は個人倫理に過度に依拠するのではなく，さまざまな組織的制度的措置を講じつつ，全体経済との調和を志向しながら企業倫理活動を推進することになる。

この意味で，企業は，「フレームワーク（Rahmenbedingung）」，すなわち法律やその他さまざまな諸制度に従うことで企業倫理を実現するという視点と，個々の企業活動により企業倫理を実現するという方法があるだろう。以下，まずフレームワークと企業倫理について考察し，その後で，「自発的行為」としての企業倫理を見ていくことにする。

## 4-1 「フレームワーク」と企業倫理

企業倫理に関連するドイツの経営経済的制度として，まず「共同決定法」が挙げられる。周知の通り，ドイツでは企業レベルにおいては監査役の従業員参加が，経営レベルでは経営協議会（Betriebsrat）を通じた共同決定が実現しており，経営意思決定ならびに現場レベルでの労働環境に関して，従業員の利害が考慮されるのである。このような共同決定法の下では，ドイツ企業は他の国の企業と比較して，法律に従った従業員政策をベースとして企業倫理を考える，ということになるだろう。

共同決定法は，ドイツの企業体制（企業統治）にも大きな影響を及ぼしている。ドイツでは，従業員と銀行を中心として，さまざまなステイクホルダー，あるいは社会の調和を志向する企業統治が構築され，英米型の株主志向の企業統治とは一線を画するものとなっている。このようなドイツの企業統治は，上で検討した「連帯」「共同体」などの概念と関連するだろう。

ドイツにおいて企業統治の指針として提示されている「ドイツ企業統治規範（Deutscher Corporate Governance Kodex）」は，基本的に2000年代以降の，機関投資家など資本市場に対するドイツ企業のメッセージという流れでとらえられるべきものであり，企業経営の透明性や経営層の有効な監視などに関する規範であるが，他方で共同決定法は維持されており，従業員の経営参加ならびに従業員政策については，経営者側からの批判は多いものの，現状では退潮の兆しはない。その意味で，広く見れば企業統治のドイツ的特徴は堅持されていると言え，企業倫理にも依然として重要な影響を与えていると言える。

企業倫理やCSRに関連する企業統治政策として，例えば「女性クオータ法」がある[14]。この法律は，それまでも自発的な取り組みが期待されていたドイツ企業における女性役員数の向上を，法律によって義務化したものであり，対象企業は監査役会構成員の女性比率を30％以上とすることが義務づけられた。法律施行後，DAX30企業の監査役会構成員の女性比率の平均値が2005年に11.96％だったのが2016年に30.46％にまで上昇したという。

---

14　以下の記述は松田（2017）を参照して執筆した。

また，2006年６月から労働社会省内にCSRに関する担当部署が設置され，CSRの推進を実行してきたが，その一環として，労使関係団体の代表，NGO・市民団体の代表，研究者など44名の関係者から構成される「全国CSRフォーラム（Nationale CSR-Forum）」が発足し，CSRの国家行動計画の策定を求めるといった形で，国家によるCSR政策の促進も見られる[15]。

CSRや企業倫理政策に関しては，政府外でも，例えば「ドイツ経済倫理ネットワーク（Deutsches Netzwerk Wirtschaftsethik」や「ドイツCSRフォーラム」といった団体がCSRや企業倫理の推進を後押ししている。前者は1993年に設立された公益団体で，500にのぼるさまざまな分野からの法人・自然人会員を持ち，経済的競争で生じる道徳的ジレンマの解決のために，経済的活動の倫理問題に関する考え方の意見交換を行い，経済行為を倫理的に方向づけるという目標のもと，科学者，実務家，関連団体の間の対話を促進する活動を行っている[16]。後者は2003年に設立され，政治や行政，科学者や社会的組織との意見交換の機会を企業に提供することを目的としている[17]。またドイツCSRフォーラムでは，「ドイツCSRアワード」を設定し，CSR活動に貢献した企業に賞を授けている。これは，社会的な取り組み，生物多様性や自然保護，$CO_2$排出などの環境要因，グローバル化などの点で評価されるものである[18]。

---

15 ドイツ連邦労働社会省HP https://www.csr-in-deutschland.de/EN/Home/home.html（最終閲覧日：2020年10月29日）。また独立行政法人労働政策研究・研修機構HP「CSR国家行動計画，今秋にも策定」https://www.jil.go.jp/foreign/jihou/2010_7/german_02.html（最終閲覧日：2020年10月29日）も参照。ドイツ政府のCSR政策は，EUのCSR方針にも影響を受けている。EUのCSR方針についてはドイツ連邦労働社会省HP https://www.csr-in-deutschland.de/DE/Startseite/start.html;jsessionid=22AD039ACBB4B45E63496B5B05CDA8A1（最終閲覧日：2020年10月29日）を参照。

16 ドイツ経済倫理ネットワークHP https://www.dnwe.de/about/ueber-das-dnwe/（最終閲覧日：2020年10月29日）

17 ドイツCSRフォーラムHP https://www.csrforum.eu/ueber-uns/（最終閲覧日：2020年10月29日）

18 2017年には京セラドキュメントソリューションズのドイツ現地法人が，NGO／NPOと協力している模範的な企業に与えられる「サステナブルブランドオブザイヤー」を受賞している。https://www.kyoceradocumentsolutions.co.jp/news/rls_2017/rls20170424.html（最終閲覧日：2020年10月29日）。

## 4-2 「自発的行為」としての企業倫理実践

「共同決定法」や「ドイツ企業統治規範」など，「フレームワーク」に基づく企業倫理，いわば「上からの企業倫理」は，当然完全なものではない。ホーマン学派のオルドヌンク倫理学が教えるように（Vgl. Homann & Blome-Dress, 1992），「フレームワーク」の不完全さを補うのが，「自発的行為」としての「企業倫理」なのである。

例えば上で言及したゲーベルは，企業倫理を秩序倫理と個人倫理とを仲介する役割と見なし，企業の「当為（Sollen）」「意図（Wollen）」「能力（Können）」という3つの観点から，経営内部の制度的措置について議論している（Göbel, 2017, S. 205ff.）。当為は「すべきこと」であり，企業の理想像（Unternehmensleitbild）や企業文化（Unternehmenskultur）によって促進される。「意図」は，構成員が望ましい形で行為する用意があるということであり，人事選抜や評価，報酬，制御システムなどによって実現される。「能力」は望ましい形で行為できるためのコンピテンスのことであり，人材開発や組織構造，情報システムなどの問題となる。

上述のバークもまた，企業倫理を実践する（Umsetzung einer Unternehmensethik）方法として，企業の理想像，企業文化，企業体制・企業統治を挙げているが，それだけでなく，人事政策，例えば道徳的な従業員を選抜するという問題やモチベーションのシステム，人材開発や，管理者の倫理なども重要だとしている（Bak, 2014, S. 60ff.）。

ドイツの同族企業の中でもとりわけ著名な大企業の事例を詳細に扱った吉森（2015）において，フッガー，クルップ，ツァイス，ボッシュといった企業が，国家の制度形成に先駆けて，先駆的な福利厚生制度や社会貢献活動を行っていたことを明らかにしているが，これらの取り組みは，「自発的行為」としての企業倫理実践の先駆けとも言えるものである。これらはいずれも，当時の社会情勢に即した，企業の自発的行動であり，「よいこと」の追求である[19]。

また，従来から重要視されていた労働者意識に加え，ドイツでは古くから

19 ツァイスについては，吉森（2015）のほか，野藤（2012）も参照。

「環境」や「持続可能性」にも関心が持たれている。周知の通り，ドイツでは環境意識が強く，国を挙げてさまざまな環境政策が実施されている。企業も当然環境問題に対してさまざまな取り組みを行い，また「持続可能性」の下に，CSR活動に取り組んでいる。

以上をまとめると，ドイツ企業における「労資同権思想」「環境意識」「持続可能性」といった「よいこと」を自発的行為としての企業倫理によって実現する際に，企業の理想像や企業文化，企業政策が重要となる，ということである。これをふまえて，以下，ドイツ企業の企業倫理実践を見ていくことにする。ここでは，ドイツ企業の中でも世界的に活躍する企業として，ボッシュとプーマを取り上げる。

### 4-2-1 ボッシュ

自動車部品の世界大手ボッシュ（Robert Bosch GmbH）の理想像は，“We are Bosch”であり，その下に，「使命（unser Auftrag)」「主張（unser Anspruch)」「戦略的重点（unsere stragetischen Schwerpunkte)」「強み（unsere Stärken)」，「価値（unsere Werte)」が示されている[20]。CEOのフォルクマー・デンナー（Volkmar Denner）は，この理想像について，「自社が何であるか（Selbstverständnis）を明確かつコンパクトに表現するものだ」と述べている[21]。特に「価値」については，「将来と収益を志向する」「責任と持続可能性」「イニシアチブと結果」「オープンさと信頼」「公正」「確実性・信用・正当性」「多様性」が挙げられている[22]。

---

20　ボッシュHP　http://wearebosch.com/index.de.html（最終閲覧日：2020年10月29日）

21　同上。

22　またボッシュは，公益財団を通じた社会貢献活動で有名である。社名にも冠されている創業者ローベルト・ボッシュ（Robert Bosch）の理念に基づき，創業以来，従業員の福利厚生を重視し，さまざまな先進的な制度を導入してきた。また公益活動として大学，病院建設，住宅建設など，30以上の公益事業に資金的に支援している（吉森，2015，pp.210-211）。ボッシュは，公益活動を統合する組織として1921年にボッシュ財産管理有限会社を設立し，さまざまな公益活動を統合的に実行することとなった（同上，p.211）。この会社はその後，1969年にローベルト・ボッシュ公益財団有限会社に改名し，ドイツ最大の公益財団として現在まで残っている。この財団は，ローベルト・ボッシュ有限会社を実質的に統治している存在である。

このような理想像の下に，行動規範（Verhaltenskodex[23]）においては，法令遵守，規則の遵守，責任ある公正な行動が基本原則として挙げられ，利益相反の回避，情報の取り扱い，取引先や第三者に対する行動，内部統制システムなどに関して規定が定められている。

またサステナビリティーレポート[24]では，ボッシュが持続可能性問題について，「気候変動」「エネルギー」「水」「都市化」「グローバリゼーション」「健康」という６つの問題に注力しており，それぞれに２つの重要な側面と中期目標があるとされる[25]。環境政策については，2018年の報告書では，2020年までにカーボンニュートラルを目指すことが宣言されており，エネルギー効率の向上，再生可能エネルギー，太陽光発電などの方法によってそれを実現するとされている。これがもし実現できれば世界初の企業となる。$CO_2$排出量については，2014年に20％削減目標を達成しており，2020年には35％削減することを目指している。特に，ボッシュは自動車部品の製造企業であり，ディーゼル技術と内燃機関に重点を置いている企業であるが，“Well to Wheel”（油井から車輪まで）という，二酸化炭素排出の全サイクルに注目し，窒素酸化物（$NO_x$）排出量を抑える最新のディーゼル技術を提供することで，環境政策を実行している[26]。また，廃棄物量の削減，水使用量の削減のほか，サプライヤーの環境・労働安全監査や女性管理職比率の向上といった，環境面以外の持続可能性問題にも積極的に取り組んでいる[27]。

### 4-2-2　プーマ

プーマ（Puma SE）はスポーツ用品世界大手企業であり，その理想像（ミッ

---

23　ボッシュHP「行動規範」https://assets.bosch.com/media/de/global/sustainability/strategy/vision_and_goals/bosch-code-of-business-conduct.pdf（最終閲覧日：2020年10月29日）

24　ボッシュHP「サステナビリティーレポート2018スポットライト」（https://www.bosch.co.jp/publications/sustainability/bosch-sustainability-report-2018-spotlights-ja-01.pdf（最終閲覧日：2020年10月29日）

25　同上，p.７。

26　同上，pp.２－５。

27　同上，p.６。

ション）は，“Forever Faster”である[28]。靴製造に源流を持つ同社は，このミッションを単なる「早さ」とはとらえておらず，早くありたいアスリートに迅速に製品を届けることで，世界で最速のスポーツブランドになることを目標としている。

プーマの「企業文化[29]」に関する説明では，従業員のダイバーシティや平等性に関する記述がある。性別や国籍，宗教や障害などに配慮した採用や人員配置を行い，また労働条件，福利厚生，職場の安全などに配慮し，良好な企業文化の醸成に取り組んでいる。

プーマは，世界中の工場で製品を製造していることから，サプライチェーンにおける企業倫理を重視している。例えば「行動規範（Verhaltenskodex）」においては，「雇用関係」「児童就労の禁止」「尊厳と尊敬」「公正な対価」などが掲げられている[30]。

「倫理規範[31]」においては，「尊敬（Respekt）」「誠実さ（Integrität）」「責任（Verantwortung）」の３つの柱が掲げられ，「公正に，尊重して従業員を扱う」「安全な職場環境」「自社の行為や過ちに対する責任を負う」など，18の原則が提示されている。

環境問題に対しては，「サステナビリティー・ハンドブック[32]」において，さまざまな取り組みが紹介されている。環境ポリシーや，GRI（Global Reporting Initiative），E-KPIs（Environmental Key Performance Indicators）などの指標との対応，さらには$CO_2$排出率などのデータなどを公開している。

プーマのステイクホルダー志向が現れているのが，「ステイクホルダー・ダ

---

28 プーマHP「ミッション」https://about.puma.com/de-de/this-is-puma/our-mission#:~:text=Es%20steht%20f%C3%BCr%20schnelle%20Produkte,Sportmarke%20der%20Welt%20zu%20sein.（最終閲覧日：2020年10月29日）

29 プーマHP「企業文化」https://annual-report-2019.puma.com/de/company-overview/unternehmenskultur.html#（最終閲覧日：2020年10月29日）

30 プーマHP「行動規範」https://about.puma.com/de-de/sustainability/social（最終閲覧日：2020年10月29日）

31 プーマHP「倫理規範」https://about.puma.com/de-de/sustainability/codes-and-handbooks（最終閲覧日：2020年10月29日）

32 プーマHP「サステナビリティー・ハンドブック」https://about.puma.com/de-de/sustainability/codes-and-handbooks（最終閲覧日：2020年10月29日）

イアログ[33]」の取り組みである[34]。プーマは，2003年の初め，メキシコのマタモロス（Matamors）に所在する，衣料品サプライヤー企業であるマタモロス・ガルメント（Matamorsu Garment）における従業員の権利侵害について批判を受けることとなった。そこでは，従業員は法定の最低賃金を下回る賃金で働かされており，また残業も強要されていた。これに対して労働者はストライキで反応し，労働組合も結成されたが，プーマは工場からの契約の解除を通告し，労働組合の活動も妨害した。そのような状況の中，衣料品業界の労働条件の改善に取り組む国際ネットワークであるクリーン・クローゼス・キャンペーン（CCC：Clean Clothes Campaign）が，プーマに行動規範を遵守するよう求めた。CCCには労働組合や消費者団体，研究期間やNGOなどが参加しており，マタモロスでの事業を続行するように求めた。

この動きは多方面に広まり，米国の上院議員までもがプーマに対して非難するなど，批判の声はしばらく収まらず，プーマはこのような批判に対し，さまざまなステイクホルダーとの対話を実施した。この対話は，2003年からドイツ南部のバイエルン州，バンベルク近くのバンツ修道院（Kloster Banz）で行われたため，バンツの対話（Banzer Gespäche）と名づけられた。

このダイアログは2003年から毎年開催されたが，上で言及したドイツ経済倫理ネットワーク（DNWE）の協力の下，入念に準備された。プーマは会談に参加するステイクホルダー集団とその代表者を選定し，招待した。ここでは，対談の成果として，共同でのプロジェクトが実行され，上述のCCCのようなEGOは，従業員の権利がどのように保障されるのかについての方法について議論することができた。

それ以外にも，例えば国内外の労働法の遵守の促進を目的とする，大学・市民社会組織・企業からなる非営利組織である公正労働協会（FLA：Fair Labor Association）への加入とその行動規範の承認や，行動規範に関するラウンドテーブル，ドイツ連邦経済開発協力省（BMZ：Bundesministerium für wirtschaftliche Zusammenarbeit und Entwicklung）やドイツ国際協力公社

33　ステイクホルダー・ダイアログの古典的なケースが，ブレントスパー事件に端を発するシェル（Shell）のケースである。これについては梅津（2002）を参照。

34　以下についてはClausen（2009），S.43以下を参照して執筆した。

(GTZ：Gesellschaft für technische Zusammenarbeit）も参加したマルチステイクホルダーフォーラムへの参加，ルーマニアでのラウンドテーブルのパイロットプロジェクトへの参加などの成果が得られた。

このような取り組みにより，プーマに対するステイクホルダーの誤解を解消し，より良い関係の構築に貢献することができたと想定される。

## 5　おわりに

以上，ドイツの企業倫理について見てきた。本章での議論をまとめるなら，以下のようになる。

第1に，ドイツの企業倫理は，「経済と企業の倫理学」という枠組みにおいて，経済倫理の基礎づけのもとに議論されている。米国や日本では，“Business Ethics”の下に，実践的な側面から企業倫理が考察されるのに対し，ドイツにおいては，経済的活動や行為に対する倫理学の観点から企業行為の倫理的な考察が行われ，きわめて理論的な展開がなされている。本章ではまずこれらの理論的なアプローチについて概観し，またドイツの経営経済学における展開との関連について検討した。

第2に，ドイツの企業倫理の特質として，日米の企業倫理の実践志向に比して理論的考察を重視していること，市場経済における倫理的行為の基礎づけのもとに企業の倫理が考察されること，経済学との関連で経済と企業の倫理を考えること，制度倫理志向であること，などが挙げられた。

第3に，ドイツ企業倫理の社会経済的背景には，「社会的市場経済」「連帯」「共同体」“Ordnung”といった，ドイツ特有の経済体制やドイツにおいて重視されている概念があった。これらは，とりわけ米国における，自由競争に基づく市場経済重視の考え方とは一線を画するものであり，個人と社会の調和を志向する概念である。ドイツの企業倫理は，理論的にも実践的にも，このようなドイツ特有の社会経済的志向が背景にあることを確認した。

第4に，ドイツ企業倫理の実践に関しては，「経済と企業の倫理学」というドイツ流の特質に沿えば，企業行為を規制するフレームワークの側面と，企業行為としての企業倫理実践を相互補完的に考える必要がある。フレームワークの点では，伝統的な共同決定法や，絶えず改訂されているドイツ企業統治規範，あるいはその他のルールや規制などが個々の企業倫理実践を方向づける。個々の企業倫理実践は，そのようなフレームワークにおける不備を補うような活動であり，両者が一体となって，「社会」の福利厚生に寄与するのである。本章では，ボッシュとプーマの事例を取り上げ，フレームワークを補うものとしての企業倫理実践を検討した。

ドイツ企業倫理のアカデミックな展開においても，経営経済学同様，グローバル化の影響を受け，研究の国際化が図られている。しかしながら，ドイツの特有の社会経済システムや，それに影響を受けた企業活動の実践を踏まえると，ローカルな研究の方向性もまた必要だと考えられる。ドイツはEU最大の経済大国として，政治経済社会のあらゆる分野でリードしている大国であり，製造業をはじめとした大企業だけでなく，中小企業であっても世界的に活躍する企業もある。今後も，遠い日本の地から，ドイツの企業倫理の展開も注視していく必要があるだろう。

**【参考文献】**

van Aaken, D. & P. Schreck（2015）Wirtschafts- und Unternehmensethik: Ein Überblick über die Forschungslandschaft, in van Aaken, D. & P. Schreck（Hrsg.）, *Theorien der Wirtschafts-und Unternehmensethik*, Berlin, S.7-22.

Albach, H.（Hrsg.）（1992）*Unternehmensethik. Konzepte-Grenzen-Perspektiven*, Wiesbaden.

Albach, H.（2005）Betriebswirtschaftslehre ohne Unternehmensethik!, in *ZfB*, 75. Jg. Heft. 9., S. 809-831.

Albach, H.（2007）Betriebswirtschaftslehre ohne Unternehmensethik- Eine Erwiderung, in *ZfB*, 77. Jg., Heft. 2., S. 195-206.

Bak, P.M.（2014）*Wirtschafts- und Unternehmensethik. Eine Einführung*, Stuttgart.

Clausen, A.（2009）*Grundwissen Unternehmensethik. Ein Arbeitsbuch*, Tübingen.

Göbel, E.（2017）*Unternehmensethik. Grundlagen und praktische Umsetzung*, 5., überarbeitete und aktualisierte Aufl., Konstanz und München.

Homann, K. & F. Blome-Drees（1992）*Wirtschafts- und Unternehmensethik*, Göttingen.

Homann, K. & C Lütge（2013）*Einführung in die Wirtschaftsethik*, Münster.

Küpper, H.-U.（2011）*Unternehmensethik. Hintergründe, Konzepte, Anwendungsbereiche*, 2. Aufl.（1. Aufl. 2005）, Stuttgart.

Küpper, H.-U. & P. Schreck (Hrsg.) (2011) Unternehmensethik in Forschung und Lehre, in *Zeitschrift für Betriebswirtschaft* (*ZfB*), 81., Jg.. Special Issue 1.

Noll, B. (2013) *Wirtschafts- und Unternehmensethik in der Marktwirtschaft*. 2., aktualisierte und überarbeitete Aufl., Stuttgart.

Palazzo, B. (2000) *Interkulturelle Unternehmensethik: Deutsche und amerikanische Modelle im Vergleich*, Wiesbaden.

Scherer, A.G. & A. Butz (Hrsg.) (2010) Sonderheft《Unternehmensethik und CSR in betriebswirtschaftlichen Teildisziplinen》, in *Die Unternehmung*, 64. Jg.. Nr.4.

Schneider, D. (1990) Unternehmensethik und Gewinnprinzip in der Betriebswirtschaftslehre, in *zfbf*, 42. Jg., S. 869-891.

Schneider, D. (1991) Wird Betriebswirtschaftslehre durch Kritik an Unternehmensethik unverantwortlich? in *zfbf*, 43. Jg., S. 537-543.

Schüz, M. (2017) *Angewandte Unternehmensethik. Grundlagen für Studium und Praxis*, Hallbergmoos.

Steinmann, H. & A. Löhr (1991a) *Unternehmensethik*, Stuttgart.

Steinmann, H. & A. Löhr (1991b) Wo die Betriebswirtschaftslehre unverantwortlich wird, in *zfbf*, 43. Jg., S. 525-528.

Steinmann, H., A. Löhr & S. Suzuki (2003) Unternehmensethik-100 Jahre Betriebswirtschaftslehre in Deutschland, in『長岡大学紀要』第２号, pp. 21-42（鈴木辰治訳「企業倫理―ドイツにおける経営経済学100年―」『長岡大学紀要』第２号, pp. 43-57).

Suchanek, A. (2015) *Unternehmensethik. In Vertrauen investieren*. Tübingen.（柴田明・岡本丈彦訳『企業倫理―信頼に投資する―』同文舘出版, 2017年）

Thielemann, U. & J. Weibler (2007a) Betriebswirtschaftslehre ohne Unternehmensethik? Vom Scheitern einer Ethik ohne Moral! in *ZfB*, 77. Jg., Heft. 2., S. 179-194.

Thielemann, U. & J. Weibler, (2007b) Integre Unternehmensführung-Antwort auf die Replik von Horst Albach, in *ZfB*, 77. Jg., Heft. 2., S. 207-210.

Ulrich, P. (1991) Schwierigkeiten mit der unternehmensethischen Herausforderung. Anmerkungen zu *Dieter Schneiders* Beitrag "Unternehmensethik und Gewinnprinzip in der Betriebswirtschaftslehre", in *zfbf*, 43. Jg., S. 529-536.

Ulrich, P. (2008) *Integrative Wirtschaftsethik. Grundlagen einer lebensdienlichen Ökonomie*, Bern/Stuttgart/Wien.

Wieland, J. (2007) *Die Ethik der Governance*, 5. Aufl. (1. Aufl., 1999), Marburg.

梅津光弘（2002）『ビジネスの倫理学』丸善。

岡本人志（2011）『企業行動とモラル』文眞堂。

風間信隆（2003）「ドイツにおける企業倫理」中村瑞穂編著『企業倫理と企業統治―国際比較―』pp. 47-64, 文眞堂。

黒川洋行（2012）『ドイツ社会的市場経済の理論と政策―オルド自由主義の系譜―』関東学院大学出版会。

柴田明（2012）「経済学的企業倫理論の可能性―ドイツ企業倫理論の新展開―」『経営哲学』第９巻第１号，pp.45-63。
柴田明（2014）「J.ヴィーラント「ガバナンス倫理」に関する一考察―ホーマン学派との比較から―」『香川大学経済学部研究年報』第53巻，pp. 101-123。
柴田明（2017）「ドイツ経済倫理・企業倫理におけるオルドノミック・アプローチに関する一考察」『商学論究』第64巻第２号，pp. 169-199。
柴田明（2018）「「信頼への投資」に基づくコーポレートガバナンス論の構想―A.ズーハネクの所説を中心として―」『商学集志』第88巻第２号，pp. 43-60。
鈴木辰治（2000）「ドイツにおける企業倫理論―経済性と倫理性の統合―」鈴木辰治・角野信夫編著『企業倫理の経営学』pp. 55-80，ミネルヴァ書房。
田中照純（1997）「ドイツの企業倫理学」海道進・吉田和夫・大橋昭一編著『現代ドイツ経営経済学』pp.69-85, 税務経理協会。
田中美紀子（2004）「ドイツにおける企業倫理―分析と傾向―」『南山大学ヨーロッパ研究センター報』第14号，pp. 33-44。
野藤忠（2012）『カールツァイスの経営倫理―エルンスト・アッベの経営思想―』ミネルヴァ書房。
林順一（2017）「ドイツのCSR―なぜドイツはCSR後進国と言われるのか―」『国際マネジメント研究』第６巻，pp. 1-21。
鉢野正樹（2011）『現代ドイツ経済思想の課題―資本・福祉・EU―』文眞堂。
藤井敏彦（2005）『ヨーロッパのCSRと日本のCSR―何が違い，何を学ぶのか―』日科技連出版社。
松田健（2010）「ドイツの企業倫理」佐久間信夫・水尾順一編著『コーポレート・ガバナンスと企業倫理の国際比較』pp. 137-164，ミネルヴァ書房。
松田健（2017）「ドイツにおける企業統治改革の動向―監査役会とクオータ法―」『商学論究』第64巻第２号，pp. 107-129。
万仲脩一（2004）『企業倫理学―シュタインマン学派の学説―』西日本法規出版。
万仲脩一（2009）『企業倫理学の構想』ふくろう出版。
山口尚美（2009）「ドイツ経営経済学の発展と企業倫理の展開」『商学研究論集』第32巻，pp. 391-408。
吉森賢（2015）『ドイツ同族大企業』NTT出版。

# 第4章

# ドイツの中小同族企業の統治と経営

## 1　はじめに

本章の目的は，長期存続を果たしてきたドイツの小規模かつ伝統的な同族企業の特徴を示すとともに，その企業統治，経営について明らかにするものである。ドイツの中小企業は各研究領域においても興味深い。まず中小企業研究である。ドイツでは中小あるいは小規模のファミリービジネスが経済活動の重要な下支えをしてきた（根本, 2007；Parella and Hernández, 2018など）。また，ドイツの中堅企業の世界市場リーダーに着目したSimon（2009）は，「隠れたチャンピオン」と名付けて，ドイツが際立った輸出業績を出し続けている基盤の要因に，中堅企業の世界市場リーダーがあると指摘している。Amatori and Colli（2011）もまた経営史の視点から，ドイツの有力な同族経営のコングロマリットが，傘下企業に高い自律性を与えていたことを示した。これらの研究はいずれもドイツにおける中小企業の重要性が指摘されているのである。

また，別の角度から見てみよう。ドイツは長寿企業が多いことでも知られる。例えば，200年以上存続してきたドイツの企業は，日本に次ぐ上位に位置するとされ[1]，これらの長寿企業の多くが中小企業かつ同族企業でもある。

上記にもあるように，ドイツの中小企業には大きな魅力があり，期待が高い

1　日経BPコンサルティングにおける2020年4月6日発表のデータによると200年以上存続する企業が多い国として，日本，米国，ドイツの順になるとした。そのほかにも同様の調査が各所で行われているが，基準の違いなどから数値にばらつきがあり，より精度が求められる（日経BPコンサルティングHP，https://www.atpress.ne.jp/news/209498，2020年11月19日閲覧）。

にもかかわらず，その研究の実態はこうした魅力や期待とは比例せず，定量的なものあるいは紹介される程度でその具体的内容について論じた研究が少ないのも事実であろう[2]。

そこで本章では，ドイツの中小，中堅企業に着目するとともに具体的事例として，なめし革分野において，ドイツ国内でオンリーワン企業であるペリンガー（Ludwig Perlinger GmbH），刃物分野でその業界を牽引してきたロベルト・ヘアダー（Robert Herder GmbH & Co. KG）やギューデ（Franz Güde GmbH）を取り上げ，その経営について論じていく。

## 2　ミッテルシュタント（Mittelstand）[3]への着目

ドイツは中小企業の国であると，ドイツ国民の多くが自負している。こうしたドイツの中小企業や中堅企業を表す代表的な用語として，「ミッテルシュタント（Mittelstand）」があげられよう。

ミッテルシュタントの統一的な定義はないが，1957年にドイツ連邦共和国とノルトラインヴェストファーレン州によって設立されたミッテルシュタント研究所（Institut für Mittelstandsforschung Bonn）[4]における定義が多用される。ミッテルシュタントとは，大企業と一線を画し，同族性を持った，「中堅企業」や「中小企業」としての意味を指し[5]，独立性，従業員の満足度，雇用

2　他方でドイツの付加価値創出額最大100社といった同族の大企業に着目した研究として，吉森（2015）などがあげられる。筆者の曽根，吉村はこれまで数十社のドイツ語圏の老舗中小同族企業を訪問調査してきたが，これまで国内外の研究者が調査に訪れたことがないと相当数の経営者らは証言している。

3　わが国では，「ミッテルシュタント」以外に，「ミッテルシュタンド」，「ミッテルスタンド」などとカタカナ表記が不統一であるが，ドイツ語の発音に照らして記すと，「ミッテルシュタント」となり，本章では，これにならって「ミッテルシュタント」と記す。

4　研究所の任務としてミッテルシュタントの現状，発展，問題を分析しその研究結果を一般に広めることとしている。その研究活動は複数年に１度の研究プログラムに基づき年次報告書にまとめられている（同社HP，https://www.ifm-bonn.org/en/about-us/annual-report，2020年10月30日閲覧）。

5　山口（2014）など。日本語訳は，その要素によって「中堅企業」，「中小企業」，「中産階級」，「中間層」などとさまざまな訳語が使用されるが，大企業と一線を画す意味では共通しているといえよう。

維持や創出などが評価される。そして，これらの企業体は，2000年代のドイツ経済の躍進を支えてきた活力である（根本, 2007；杉浦・吉田, 2014；Parella and Hernández, 2018など）。

ドイツにおける中小企業の定義についても論じておきたい。ミッテルシュタント研究所では，従業員500人以下とされる。また，欧州委員会では，従業員249人以下かつ，売上高が5,000万ユーロ以下あるいは資産総額4,300万ユーロ以下の企業が中小企業としている。

さらにミッテルシュタントの特徴について，Audretsch and Lehmann (2016）は，８つの特徴をあげている。第１に，同族所有であるため，外部資金[6]を調達して成長しようとはしない。第２に，競争力の源泉を製品の質，イノベーション，技術に焦点を当て，ニッチな市場に焦点を当てている。第３に，ドイツ特有の人的資源開発システムである。職業教育，実習制度を通じて，人的資源の育成，開発を果たした。第４に，分権化（Decentralization）を通じた組織構造によって，意思決定が従業員と経営者との間でフラットに日常的なコミュニケーションでなされる。第５に，長期的な視点で計画や意思決定が行われる。長期的な視点をもつがゆえに，同族の経営者や所有者だけでなく，従業員や供給業者といった取引先，地域コミュニティなどのステークホルダーも重視している[7]。第６に，生産のフレキシビリティである。景気の繁閑状況に応じて従業員の労働時間を調整するなどの事例をあげながら論じている。第７に，ミッテルシュタントが立地する地元のローカル資源（協働する企業，人々など）を用いることでグローバル市場での競争力を向上させる。第８に，グローバル市場を視野に入れた高い輸出比率である[8]。

これらの先行研究の課題についても論じる。Audretsch and Lehmann (2016）が，ミッテルシュタントの第７の特徴で地元に立地することやローカル資源に関してあげているが詳細な言及が少ないといえよう（山本, 2018)。ま

---

6　主に証券市場からの資金調達を指す。

7　従業員の労働時間がフレキシビリティであるとともに，低い離職率についても言及している。ドイツの大企業の平均が7.3%，米国が33%であるのに対し，ミッテルシュタントは2.7%であるという。また米国企業の平均勤続年数が４年未満に対し，ミッテルシュタントは33年とも指摘する。

8　その比率は20%にも上り，グローバル市場を見据えていることがここからもうかがえよう。

た，この背景にもある家の存続や永続性に関してもこれまでわが国において議論されてこなかった。これらの先行研究の課題を加味しながら，次項の事例についても詳細に論じていくこととする。

## 3　事例(1)：ペリンガー（Ludwig Perlinger GmbH）[9]

### 3-1　なめし革産業の略史

古来よりヨーロッパにおけるなめし革の需要は高く，代表的な産業の１つでもある。もともとドイツにおけるなめし革の企業の経営者は，裕福で経済的に余裕があったことでも知られる。しかしながら，その市場は，経済危機，インフレ，２度にわたる世界大戦[10]，そして，長年国際的な競争にさらされてきた。とくに隣国のフランスやイタリアの企業からの革の輸入によってドイツ国内のなめし革企業は衰退していった。さらにはドイツ国内の環境等の政策にも左右され，縮小の一途をたどってきた。ペリンガー氏によれば，1900年には，ドイツ国内において128カ所の子牛のなめし革専門の製作所があったが，直近の100年間は厳しい環境下にあり，2005年に同業他社が倒産したことで，本章で取り上げるペリンガーのみが現在存続している状況である。

もう少し詳細な歴史的な変遷を論じる。1950～60年代は，国際的競争の中で淘汰され，1960年代を乗り越えられた企業はしばらく存続することができた。しかし，1960年代までの革製品の色は，黒色，茶色を中心にして，革も厚いうえに硬く，その種類は限られていた。また，技術革新や工夫を行わなくても，それなりの需要があったため，常に同じような革製品を作り，多くの在庫を抱

9　同社社長のUlrich L. Perlinger氏，夫人のUte Fleischmann氏，補足的な従業員の方々へのインタビューは，2019年３月21日にペリンガー本社および工場内で行われた。また，その前後においてもメール等で複数回にわたり補足の質疑応答を行った。さらに，ミュンヘン大学大学院のGregor Wolf氏からはドイツの基礎知識や助言を受けることで歴史的背景，事実関係の強化，確認などを行った。

10　第一次世界大戦には，服や鞄に用いる革を作り，第二次世界大戦時においても軍隊の士官用にブーツなども作成していた。また，ドイツではゴムが枯渇したため，代替品として革が使用されるなど国策，内需によってある程度安定した時代もあった。

えていた。そして，１年に一度，ペルマセンスで開催される革製品と靴のメッセへ出張し，３日間で半年にわたって作ったものをオークションに近い方法ですべてを販売するというかたちでさばいていた。

しかし，1960年代になると，イタリアのファッションからの影響を受けて，急に買い手から赤や黄などの珍しい色やテクスチャー，とくに薄い，柔らかい革などが求められるようになる。こうした新しい需要に，ドイツ国内のなめし革企業は応えることができなかった。また，革靴もだんだんファッションの一部として日用品以外のものとしても捉えられるようになっていった。このため，なめし革の製造方法もジャストインタイムが導入され，生産市場においても新しい仕組みが流行していった。しかしながら，多くの会社は新しい需要に応えた作り方への変更に対応することができなかった。せいぜい，在庫は少なめにして，対応するくらいの程度であり，革の色や厚さなどの種類を増やして対応するということは多くの会社には不可能であった。

次の大きな危機は，1980年代である。ドイツでは，環境問題に関する法律が導入されて，それに従うことが必須となった。革製品を取り扱うことによる，水を浄化する設備投資が必要となり，そこでも多くのドイツ国内の企業は対応できずに消滅していった[11]。

## 3-2　ペリンガー概要

本項では，ドイツ南東部のチェコの国境から約2kmの距離にあるフルトイムバルト（Furth im Wald）[12]に本社を置くペリンガーをあげる。競争の激しい市場の中で同社は，いかにして，ドイツでオンリーワンのなめし革企業となっていったのかについて論じていく。

ペリンガーは，ジョセフ・ペリンガー（Joseph Perlinger）によって1864年に創業した[13]。ドイツ国内で唯一の子牛のなめし革専門の企業であり，柔らか

11　多くの製作所は街の中心部に位置し，小さな川の脇に立地し，その川に排水を流すという会社がほとんどであった。また，街中であるがゆえに土地は狭く，騒音や悪臭の問題など，苦情も多くなっていったことも存続や発展をはばんだのであった。

12　もともと牧草の産地であり，第二次世界大戦前後まで同地は，牧草とペリンガーしかなかったといわれてきた。地域における総生産も高く，地域への貢献度も高かった。

く強い革や色の持続などの技術，品質を極めることを重視し，同社独自の配合液や加工，製造方法を守りつつも変化も遂げてきた。

最高の品質基準を満たすよう製造に最高の精度が要求される。５年後でも色あせない同じ色の革を生産できなければならない。（Ulrich Perlinger氏，2019年３月21日，Perlinger本社会議室）

代々ペリンガー家が経営を担い，社名も創業当初のままである。1972年に法人化し（GMBH），現在５代目のウルリッヒ・ペリンガー（Ulrich L. Perlinger）氏[14]が経営を担っている。近年，６代目になる長男ニコラス（Nikolas）氏[15]も入社した。同社は，地域を代表する企業であり，工程のほとんどが手作業であった時代は，最大200名の従業員を抱えたが，機械化が進んだことにより現在の従業員は20名である[16]。同社の製品は，世界中からの受注があり，フランス，イタリア，日本，アメリカに販売拠点を置く。ヨーロッパ以外では，とく

13　記録上は1864年であるが，ペリンガー家に残る伝承では，30年戦争（1618年）以前から，なめし革を作ってきたと伝わる。

14　1962年生まれ。父Ludwiq（４代目）の長男として誕生したため（２歳上に姉のCarine），家業の継承を認識してきた。このため，小学校４年生のときには，「私の将来」という作文を書き，中学校卒業後，軍隊に入り，なめし革に関する職業訓練を受けて専門性を高め，会社を存続することをすでに意識していたという。実際に，ローティンゲンにある，なめし革の職業訓練校に入学，卒業し，父親の深刻な病気のため急きょ戻り，ペリンガーに入社した。入社後１年経たずに４代目は逝去し，社長を24歳で継いだ。そのときは，社長になるか会社を売却するかという選択に迫られたが，伝統的なものを大事にしたいと存続を決めたという。その背景には，「この会社，工場のある場所で育ち，会社はもう家の庭であり，いつも会社で遊んだりしていたため，幼少期から会社の動きや誰が何をしているのかが全て無意識的に身に着けた」（Ulrich Perlinger氏，2019年３月21日，Perlinger本社会議室）と述懐している。

15　1997年，５代目のUlrich氏の長男として誕生。ミュンヘンで経営学とマーケティングを学び終えて，革の技術やアートを英国のノースハンプトンの大学で学んだ。その後，ペリンガーに入社し，現在英国に留学中である。ノースハンプトンは靴の産地で知られ，そこに専門大学があり，なめし革について学んでいる。父（５代目）からは，後継者になることは勧められていないものの，「伝統的なものを大切にし，（頑固に）絶対やりたい。６代目を必ず継ぐ」（Ulrich Perlinger氏，2019年３月21日，Perlinger本社会議室）と述べているという。

に日本市場における評判は高く，売り上げに占める割合も高い[17]。ペリンガーの最終製品は，高級ブランドメーカーの製品（鞄や財布，靴，手袋，ランドセルなど）や個人の職人が作った高級品として市場に出回っている[18]。

## 3-3　一子相伝の革製品

ペリンガーのなめし革は，ドイツで育った子牛であり，型崩れのないきれいな表面，柔らかく強い，そして，５年経っても同じ色を保つという特徴をもつ。このように同社の製品は品質が高く，エルメスなど多くの高級ブランド革製品に使用されてきた。その背景には他社では模倣できないほど丹念な仕事によって支えられてきた。最高の品質基準を満たすよう製造に最高の精度が求められるのである。

まず全工程にかける時間の長さがあげられよう[19]。同業他社では革の加工において，通常24時間から48時間とされるが，ペリンガーでは約150時間もの時間をかけることで知られる。そして，原材料である革も品質の良いものしか取り扱わない協力会社から仕入れるため，工程も素材も他社とは全て異なる。

工程過程は以下のとおりである。まず動物の皮を硫黄に長時間漬けることから始まる。そして，革についた肉を取り除いて24時間洗い続ける。その次に，薬品で３日間かけて毛や脂肪を落としていく。この後に，一族にだけ伝えられてきた秘伝の溶剤に毎日漬け込み，１日経ってから，また１日中洗って，さら

---

16　1920年代は，ほとんどが手作業であったため，最大200名の地元の人々を雇っていた。機械が進歩していく中で，その人数は減り現在は20名になるが，生産額や量は変わらないという。現代においても従業員は地域の人々を基本的に雇っているが，近年はチェコから通勤している従業員もいる。

17　１からなめし革を作成するのは同社のみとされる。ドイツ国内で財布や鞄など革を扱う企業は存在するが（例えば，オファーマンなど），これはなめし革製作所ではなく，なめし革製作所から革を購入して加工する企業の扱いとなる。ペリンガーの革を使ったブランドも多く，品質が良いことで知られ，評判も高い。

18　25年前に開発した革の加工技術でスマートフォンなどのカバーにも使用されている。こうしたなめし革の加工における企業の取り組みとしてはペリンガーが先駆けて行ってきたことである。

19　従業員でさえも「それは本当に吐き気がするほどです」（従業員Ａ氏，2019年３月21日，Perlinger社工場内）と述べ，その丹念さがうかがえる。

に1日かけて乾かすという気の遠くなる作業を繰り返すのである。

これだけ長く革に時間をかけるのには理由がある。作業も「ヨーヨーのようにゆっくり上げ下げしてリラックスさせる」(Ulrich Perlinger氏，2019年3月21日，Perlinger社工場内）というように，動物の皮は急いで加工するとストレスを与えてしまい，品質を下げる（硬くなる）ことになってしまうのである。最後の加工は，8日間かけ，すべての工程は100にものぼる。タフティング（かたちが崩れないように止めること）とテストが繰り返され，最終検査は社長自身が行い，このチェックに認められなければ決して出荷されることはない。これだけ長い加工を経ても最終的に動物同士の接触などにより，革に傷ができていることもある。これは製品ができあがるまでわからないため信頼できる供給業者との関係性も重要になってくるのである。傷がついている革は高級品としては扱うことができない。こうしたチェックは人間の目によることが求められる。そして，どの革がどのような加工製品に合っているのか厚さや品質などの目利きも重要なことである。

（ペリンガーは）世界でも独自。多様な革に関するアイデアを持つ会社です。われわれは，でき得る限り独自のことに挑戦しています。（中略）牛皮のテクスチャーはソフトでなく強く，触ればわかる。レザー市場ではこれに似たソフトなものがあるが，当社の革は強くて愛用されています。ベンチマークです。なぜなら強い革で安定しているからです。まさにドイツの革です。息子が30年使っていますが，ペリンガー製はずっと使えます，次世代まで。だから愛用されます。ドイツに比べるとイタリアやフランスの革はよくありません。ドイツの製品は強く，長く使えます。(Ulrich Perlinger氏，2019年3月21日，Perlinger本社会議室)

こうした品質へのあくなき追求がペリンガーの信頼を高めていく。信頼や品質は企業における財産となり，グローバルな展開を言語の壁を越えて助けていくのである。ペリンガーの長期存続の要因の1つでもある，「伝統と経験は私たちの成功の礎」(Ulrich Perlinger氏，2019年3月21日，Perlinger本社会議室）ともあるように，長年にわたる伝統と経験によって蓄積されてきた。そし

写真4－1　ペリンガーの革製品

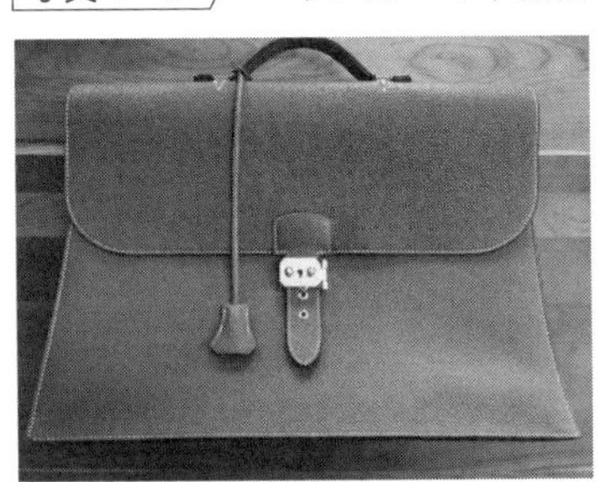

（出所）筆者撮影。

て，ファミリー内のみに許された独自技術の模倣を防止した一子相伝を垣間見ることができる。

## 3-4　ペリンガーの幾度もの危機への対応

ペリンガーは，なめし革特有の同業他社との過当競争，大企業からの買収，環境問題への対応など，厳しい環境下にさらされてきた。しかし，なぜペリンガーはこれらの問題を乗り越え，存続を果たすことができたのであろうか。ペリンガー氏は，「小さかったからです。小さいととても素早く対応できる。柔軟性がある。簡単に新しい環境にも合わせられる[20]」（Ulrich Perlinger氏，2019年３月21日，Perlinger本社会議室）と即答する。また，９割は勤勉さが占め，加えて，家族の全世代が，世代から世代へと受け継がれてきた累積的な経験，スキル，先見性としている。さらに大事なわずかな運により，成功する方法を知っていたと述べる。また，企業家としての野心，商業的慎重さ，皮革工芸品に対する情熱は，企業の発展と成功の決定的要因となってきたと述べる[21]。

創業当初において，同業他社との競争では，初代から２代目へと確かな技術を

20 「大企業は，戦略とか需要にこたえるのは少し難しくなります。決定が遅くなってしまったりして。大企業にはそういった短所があります」（Ulrich Perlinger氏，2019年３月21日，Perlinger本社会議室）。

21 同社HPでは，地域の原材料，軟水，また，勤勉な従業員，そして世代から世代へと受け継がれてきた累積的な経験，創業者の洞察力，品質へのこだわり，環境問題へのあらゆる困難を乗り越える責任感などもあげている（同社HP，https://www.perlinger-leder.de/en/about-us，2020年９月20日閲覧）。

継承し，その技能や技術を活かして1893年のシカゴと1894年のアントワープでの世界博覧会に出展し，革製品の部門において金メダルの最高賞を受賞した。このことは，ペリンガーの品質に正当な評価を与え，大きなアピールの場となった。

このことをきっかけにして，手工業と機械工業を織り交ぜながら，革新的な製造方法を次々に導入し，生産スピードをあげるとともに，品質を向上させ，費用も下げることに成功した。1880～1890年までは，市内の中心部にあり，周辺には教会や居酒屋などがあった。そこで，これらの問題を解決しなければ家業を守ることができないといち早く初代と２代目が判断し，市内から2kmほど離れた場所で，低い山々とともに，畑以外何もないところへ移動を果たした。この先見性が1980年代の同社の環境問題への対応の一助ともなった[22]。

しかし，1960年代には，イタリアファッションの影響が流入し，色や材質を含めたこれまでの消費者が求めるなめし革への要望が変化していく。このため，既存のなめし革では売れなくなり，倒産寸前にまで陥った。このときも企業の規模が小さいことにより，顧客の要望に対応するため，商品の転換を素早く行い，同業他社との競争を耐え抜いたのであった。また，1980年代の環境問題，とくに水質汚染や悪臭，騒音への対応が法的にも不可欠となり，浄水装置の設置などを積極的に行った。

そして，気づいたときには，ドイツ国内の同業他社のほとんどが廃業，倒産していた。その後，2000年代に入り，大手ファッションブランド企業による，なめし革企業の買収なども散見されたが，ペリンガーはファミリーで経営し，財務的にも銀行などにも依存してこなかったことが買収から企業を守ることにつながり，存続を果たすことができたのである[23]。そして，ドイツにおいて唯一の子牛なめし革のオンリーワン企業になったのである。

近年では，アジア，とくに日本への進出を積極的に行い，最新技術を重視し，導入してきた。牛革のみではなく，世界中の傾向や市場なども含め，スマートに新しくできた技術を活かすことが大切であると考えてきたのである[24]。

---

22 広いスペースを確保し，自由に発展することができた。

23 一定規模の中堅企業の多くが買収を受けることになる。

24 「いつも利用しアップデートしながら何か新しいことに繋げようと試行錯誤してきた」（Ulrich Perlinger氏，2019年３月21日，Perlinger本社会議室）。

## 3-5　伝統的ファミリーガバナンス

ペリンガー本社の会議室の一角に木の幹の絵が掲げられている。これがまさにファミリーツリー（家系図）である。日本における家系図は上部から始祖を記すことが一般的であるが，ドイツなど欧米では，木の根から始祖の名前を記していくのが一般的である（**写真４-２**）。

ペリンガー家に見られる存続プロセスは，伝統的なドイツの家に見られるものである。ペリンガー家では，家業を守っていくことが大切であるという保守的な教育のもと，価値観が共有され，２つの慣習が存在する[25]。

第１に，１人に絞って会社を継承させるということである。第２に，借金はせず，銀行などの金融機関に依存しないことである。この２つの価値観をペリンガー家は大切にしてきた。

まず，１人が会社を継承すること，つまり，相続について考えてみる。

家父長制が敷かれ，長男子が継ぐことが基本原則であるが，家業を継ぐのは兄弟の中から１人に限定するという慣習がある。このことは，後継者争いが生じにくく，早くから後継者としての準備の気構えができるという利点がある。さらに家産の分散を防ぐという意味合いもある。

家督を継ぐことは，子供のころからもう決まっていたので，皆心配せずに自分の好みで生活を送っていました。今でもそうです。ここで育った。すべてを得ました。（中略）社長になるよりも前に，既に何でも知っていた。（Ulrich Perlinger氏，2019年３月21日，Perlinger本社会議室）

---

25「書いていないですが，皆同じ価値観は伝えて子供が受け継いでいます。価値観を。教育はちょっと保守的というか，この会社を守っていくことが大切です。ドイツ語で保守的というのはコンザヴァティーフというが，コンザヴァーヴはラテン語で守ることとされる。コンザヴァティーフは守ることが大切で，現状の良いところを守っていくという取り組みを行ってきた。そして，先代から自動的に，家族間，家族経営，ビジネスでもそれは活きている。はっきりと言われなくてもこういう価値観は本当に日常生活にもいつも，子供のころから身についています。日常生活での食事の会話とか，だいたいは何か会社の関連のことで，経営とかそういう話が止まらない。いつも会社関係ですね。こちらにいると，会社の土地に住んでいますし」(Ulrich Perlinger氏，2019年３月21日，Perlinger本社会議室)。

しかし，仮に長男が家業に関心を持たなければ継がせることはなく，家業に関心のある長男以下の男子に継がせた[26]。また，女子への相続も選択肢としては1980年代以前はあり得ないことであった[27]。養子をとることにも観念（慣習）上，否定的である。養子をとることに関してペリンガー氏は，「同じ家で，皆仲良しですけれども，考えは変わります。ペリンガーという名前もなくなります」と述べる。しかし，近年（1980年代以降）では，女性が結婚しても夫が改名すればそのままもとの姓を名乗ることが慣習的にも許されるようになったという[28]。

このことは，地域における宗教や慣習，伝統が堅持されてきた背景が影響しているとされる。それは，ファミリービジネスの問題に対処するため，株式の分散を伝統的に防いできた。基本的に，家族の中から誰かが継いだ場合，１人に会社の株式を継承させ，後継者以外の兄弟には，株以外の現金や土地を与えてきた[29]。このことは，土地や株の分散を防ぐ意味合いがあった[30]。とくに，南バイエルン地域（ドイツ南部）かつカトリックにおける宗教的，慣習的といった伝統的な継承方法である。

これに対し，フランケン地方（ドイツ中南部から南ドイツの北部）では，農

---

26　３代目など過去には長男が家業に関心がない事例もあった。「昔は絶対に長男が一番と決定されるんですが，３代目にあたる長男のアウグストは，仕事に興味がなくて，ヨハンが弟なのに継いでいる」（ペリンガー氏）。

27　「もし女系だけだったら，ペリンガーは終わりです。……（中略）……皆子供が女性になる以外の場合は，なんとなく続きますが，娘しかいなかったら絶対終わりです，絶対終わります，昔は。（中略）長男が早くに亡くなるなどした場合，男子であれば次男以下の息子が入ってきて，継承出来るんですけれども。子供が全員娘だったら，もう存続できません。終わりです」（Ulrich Perlinger氏，2019年３月21日，Perlinger本社会議室），「女の子しか生まれないというのは，（ペリンガー家にとって）ひどい状況だわ。息子がいなかったら終わり。名前がなくなります」（Ulrich Perlinger氏夫人Ute Fleischmann氏）。

28　「娘のソフィーは結婚しても，ペリンガーという名前がよいと言っていて，もし結婚したら旦那さんが改名することを望んでいる。……（中略）……50年代のココシャネルなど，女性が経営したりするのはごくわずかなことで，デザイナーとかちょっとアーティストっぽい，まれなケースです。……（中略）……息子がいなかったら，娘が結婚せずにいるとか，名前がなくなることを我慢して仕方なくてということもあるんですけれども珍しいです」（Ulrich Perlinger氏，2019年３月21日，Perlinger本社会議室）。

29　「家業を継げない継承者には現金が与えられる」（Ulrich Perlinger氏，2019年３月21日，Perlinger本社会議室）。

家の場合，皆，平等に土地など畑の一部を均等に分け合う慣習があった。そのことで，継承時のたびに分散が生じ，大きな家が小さくなっていき，やがて消滅してしまうという事例が散見された。このようにもともとの国，そして宗教（カトリックとプロテスタントなど）や慣習も異なることからこのような違いが生まれたのである。その中でもとくに宗教の違いが継承方法に大きな差を生んだ。

フランケンでは分け合うことで営業もできなくなって，皆貧乏になるんですね。南バイエルンの家督制度では，それと違っていつも１人がすべてもらうのです。基本的には１人に相続する。長男がこの会社に興味があったら次の後継者として。（Ulrich Perlinger氏，2019年３月21日，Perlinger本社会議室）

長男が継がない場合は，次男を後継者とし，その人物が100％シェアホルダーになる。しかし，この制度のデメリットもある。１人に株を集中させる分，他の兄弟には何らかの財産を与える必要がある。このため，多額の現金を与えるため，相続後の10年間は会社の資金面が非常に厳しくなったとペリンガー氏は，証言する[31]。

相続で兄弟にお金を払うたびに会社が，弱くなったんです。貯金とか全然なくて。もし後継するときに不況とかになったら，倒産する恐れが結構高くなるんですね。こちらは20年ずつそういう支払いをしないといけないから，世代の交代時にいつもかなりの金額を支払わないといけないから大変なのです。株式会社は資本は，株となっていてなくなったりしないんですね。こちらはいつ

30　日本においても伝統的に，資産の分散を「田分け」の論理として，同様の仕組みが存在する。

31　相続税についても触れておきたい。ドイツにおける相続税率は，最低７％～最高30％の相続税率（最低７％）となっており，世界的に見ても上位10位以内に入る高さである。また，被相続人との関係によってもこの数値は変動する。兄弟姉妹の場合であれば，最低12％～最高40％と税率が変わる。ドイツの基礎控除額は40万ユーロで設定がなされている。なお，日本の相続税の最高税率は55％，韓国50％，フランス45％，英国・米国は40％，スペイン34％，アイルランド33％，ベルギー・ドイツ30％，チリ25％の順となっている（「朝鮮日報」2020年11月13日付，https://news.yahoo.co.jp/articles/，2020年11月14日閲覧）。

も資本が会社から出て，誰かが持っていっちゃって終わります。変化への迅速な対応や可能性へのあらゆる考慮は，とても重要なポイントです。そのため，私の息子に100％株式を与え，娘はお金かブランドなどを相続するつもりです[32]（Ulrich Perlinger氏，2019年３月21日，Perlinger本社会議室）

ペリンガー家は典型的な直系家族であり，存続を至上命題として，伝統的に家業を守り続ける仕組みが連綿と受け継がれ，これを踏襲してきた。このことで，一族内のコンフリクトを防ぎ，長期存続を果たしてきたといえよう。

第２に借金はしない，銀行などの金融機関に依存しないという点について見てみよう。ファミリーガバナンスと関連して，保守的な財務も重要である。最新の技術を導入しようとすると，当然購入にともなう資金が必要となる。しかし，借金はできるだけしないというバランスが大切であり，銀行から借り入れすることは基本的に検討しないとペリンガー氏は述べる。

存続について，９割は勤勉さであり，銀行への依存についてはちゃんと見守っています。依存にならないように。150年以上の長い歴史を一般化できないことがあって，一言にまとめるのが難しいですね。優れた点でいえば，，，新たな事柄はとても重要です。どの世代も対応してきました，あと新しい技術に対しても，好奇心を持って。知的にね。（Ulrich Perlinger氏，2019年３月21日，Perlinger本社会議室）

新しい技術を導入すると，制作費が下がって効果的になる。また，よりよい生産物をつくることができる[33]。

生産において２つの興味深い投資とは，１つ目は生産物の質の向上，２つ目

---

32 「ほかの小さな会社はいつも１人がもらうんですね。大きな会社はだいたい株式で，みんな持ち分みたいですね。株の一部をもらって会社はあまり変わらないです，会社の資本はそのまま。こちらは会社の資本はいつもちょっとなかったですね。後継，次の世代が入りますと，社長が変わるとそれとともに資本の一部が社長にならない兄弟に出てしまいます。昔はそれが結構厳しかったらしいのですが，もちろん，子供が多いほどお金がかかります」（Ulrich Perlinger氏，2019年３月21日，Perlinger本社会議室）。

33 ペリンガー氏はこのように述べ，新しい技術の導入の重要性を論じている。

写真4-2　ペリンガー家 ファミリーツリー（家系図）

（出所）筆者撮影。

は価格を下げることができるということである。技術を導入するときは一時期資金がどうしても必要となる。このときだけ銀行から借金するしかない。しかし，返金はきちんと計画して，他の会社よりも高利子ではないか考慮することも重要である。このため，ペリンガーでは借金の割合はかなり低く，だいたい自己資本と一緒にしているという。つまり財務上の方針は保守的なスタンスをとっているということである。

## 3-6　家族間のコミュニケーションとサステナブルな経営

上記にあげた２つの慣習に加えて，非公式なことではあるが，キッチンやダイニングルームが家族内の教育においてかなり重要なものであり，中心的な役割を持っているとペリンガー氏は指摘する。

ずっと家族として存続してきた中で，皆で集まったり食べたり。（中略）家族と一緒のときを過ごすのは大切にしていました。これからも大切にしていきます。具体的に何かというと，お昼は絶対に皆で一緒に食べて，夜も一緒に食べています。日常生活において一日中やっていることがバラバラでも，皆で集まることが大事です。集まって，いろいろ情報交換とか話し合いとか，そういうことが大切です。（Ulrich Perlinger氏，2019年３月21日，Perlinger本社会議室）

こうした取り組みは，常日頃から家族間のコミュニケーションについて意識していることがうかがえよう。とくに証言にもあるように，ファミリービジネスが存続していくうえで，意思疎通がとれないとファミリービジネス特有の固い団結も瓦解してしまうことを経験的に認識しているのである。そして，先代世代から後継世代への継承がスムーズにいくよう準備するうえでもこうしたコミュニケーションは重要であるととらえている。

ペリンガー氏にとっての夢は，個人的には，現状で十分であり，次の世代に任せること，とくに長男Nikolas氏がペリンガーに入社することを楽しみにしてきたという。この背景には，歴代当主は比較的短命で後継者の成長を見届けられなかったということがある。ペリンガー氏も先代から十分な知識を得られぬままに継承したため苦労が絶えなかった。このため，健康で長生きして見届けたいという想いが強い。加えて，企業の大きな成長は望まず，現状のかたちで続いていくことが満足でもあるとする。このことは同業他社が大きく成長したことで，逆に存続危機や買収の憂き目にあってきたことを目の当たりにしてきたからともいえる。例えば，フランスのデュプイ製作所は，同国の大手ファションブランドに買収された。経営も安定していなかった[34]。他方でペリンガーは独立しているがゆえに自らの力で市場の流れや時代に応じて自由に経営を行うことができた。このことの重要性もペリンガー氏は強調する[35]。

---

34 「フランスのデュプイ製作所がA社に買収された理由は，大きくなったことで資本に入られてしまった。この買収は大きい。A社にはフランス製の革が大切，イメージ的には。せっかくのフランス製のA社なら，フランス製の材料もフランス製になってほしいというお客さんが多い。このためフランスの会社は率先して買収される」（Ulrich Perlinger氏，2019年３月21日，Perlinger本社会議室）。

35 「自由ですね，こちらは。自由というのは自由だけど，責任もありますね。自分の会社の責任も持ちます」（Ulrich Perlinger氏，2019年３月21日，Perlinger本社会議室）。

写真4－3　Ulrich Peringer氏（右），Ute Fleischmann氏（左）

（出所）筆者撮影。

時間とともに発展するのが大切です。滞りなく。それがペリンガーの才能の源泉であり，成長の基本です[36]。もし，企業が大きく成長していくと，同じ品質で作っていけなくなる恐れがあります。（中略）なめし革市場における競争は，大きい会社はより動きが遅くなって，ペリンガーの立場がこれからもいろいろ余裕が出てくると考えます。（Ulrich Perlinger氏，2019年３月21日，Perlinger本社会議室）

また，ペリンガー氏は，「経営はこれからも複雑になっていくし，その複雑

36 「こちらは政治，法律上の余裕があればちゃんと営業はできますが，もちろん法律は守っていますが，環境問題も大事だと思っています。満たさない条件とかが出たり，政治的，法律的な条件ができたら，ちょっと会社が危ないのですが。でも，今までは大丈夫です。この間新しく工場を作るための申込書を市役所に申請して，もしうまくいったら，もう１つ工場をつくる予定です」（Ulrich Perlinger氏，2019年３月21日，Perlinger本社会議室）。

さは多くなります」(Ulrich Perlinger氏，2019年３月21日，Perlinger本社会議室）と論じる。社長の役割として，現在は，技能と経営を五分五分でみているという。その分，ペリンガー製は市場で理解され，その立場や位置は安定している。このため，製品に関しては常日頃からの変革の必要性がないと指摘する。もちろん，いつでも新たな工夫や開発を試みてはいるが，更新も150年にわたり連綿と構築してきた評判や製品市場での立場を守っていくという。

基本的には，今の特徴，品質を守りながらも次の世代なりのアイデアや考えを実現していく[37]。そして，これからもチャンスは少なくとも同じくらいあると，ペリンガー氏は自信をのぞかせる。「機械を導入したり，更新するのですが，基本的な考え方は一緒です，魂は一緒です」(Ulrich Perlinger氏，2019年３月21日，Perlinger本社会議室）と[38]。

## 4　事例(2)：ロベルト・ヘアダー（Robert Herder GmbH & Co. KG）[39]

### 4-1　刃物産業の概略

ドイツのゾーリンゲン（Solingen）[40]は，日本の関，英国のシェフィールドとならび世界三大刃物産地として知られる。ゾーリンゲンは，ドイツ西部のノ

37 「150年前から発展してきたこの会社の基本的な構造はそのまま，持続可能ですが，そのまま守っていきますが，次の世代も自分のアイデア，考えも実現しないといけないというか，してほしいですね。それぞれの時代，いつもそうでしたが，いつも考えて。頑張って将来の変更とか市場のこれからの変更などに応じて経営していきます」(Ulrich Perlinger氏，2019年３月21日，Perlinger本社会議室)。

38 「今はすごく早くなりました。加速化しました。まだ，こちらはあえて遅めにして，伝統を守って革を作るのは８日間かかります。最初の段階，作業は。ふつうは革を24時間，36時間クロムに浸します。更新するのですが，基本的な考え方は一緒です，魂は一緒です」(Ulrich Perlinger氏，2019年３月21日，Perlinger社工場)。

39 同社社長のGiselheid Herder氏はじめ，職人の方々へのインタビューは，2016年11月22日，24日にロベルト・ヘアダー本社および工場内で行われた。また，その前後においてもメールや手紙等で複数回にわたり補足の情報交換，質疑応答を行った。さらに，産地内を中心とした同業他社へのインタビューなどを複数回行った。ギューデ（Franz Güde GmbH）の３代目であるPeter Born氏，ツヴィリングJ.A.ヘンケルの社員，すでに廃業した（経営実態ない）創業家一族へのインタビューなど多岐にわたる。

ルトライン＝ヴェストファーレン州に属する都市の１つであり，人口は約16万人である（2020年９月現在）。ヴッパー川沿いに位置し，ハサミやカミソリなどの理髪用品，手術用ナイフなども製造し，さまざまな用途に展開している。約15 kmから20kmの範囲内に南にレーヴァークーゼン（Leverkusen），北西にデュッセルドルフ（Dusseldorf），北東にヴッパータール（Wuppertal）が位置している。

中世から刃物づくりで名声を誇るゾーリンゲンは，マイスター（Meister）制度[41]の象徴でもあったが，近年では機械化された工場が主流となっている[42]。1970年代，約300の鍛冶屋があり，手術用のナイフなどの医療器具をつくる会社も存在したが，今では20ほどである（Giselheid Herder氏）[43]。同地において，優れた高級ナイフや刃物の製造で知られる代表的な企業として，ロベルト・ヘアダー（創業1872年）に加え，フランツ・ギューデ（創業1910年）[44]やツヴィ

40 「ゾーリンゲンは，刀を作って600年の歴史があります。この分け方というのは，ドイツも日本も一緒なのです。この間にまたいろいろな工程がまだあるのですけれども（中略）刀というのはもともと軍事のためのもので，平和がやってくると必要のないものなので，商売をやっていくのは難しいのですけれども。そうするとあと，工具を作ったりだとか，家の包丁などを作ったりするのですが」（Giselheid Herder氏，2016年11月22日，Robert Herder本社）。

41 マイスターは，「歴史的には，中世のギルド制度の中で育成された熟練した手工業職人の資格」（吉田，1994，pp.67-68）を意味する。ドイツにおける製造業企業において，製造や作業労働者の監督スタッフ（専門的な技能労働者）がマイスターとなり，監督スタッフとして取り組む。他方で，英国やフランスの企業では，職長と監督あるいは作業長などの２つ（２層）の役割を持たされる。つまり技能に特化した労働者の職種がドイツではより確立しているといえよう。

42 ゾーリンゲン以上に，英国のシェフィールドはより刃物産地としては衰退し，かつて一大産地であった面影は感じられない。

43 また，ギューデ社長のペーター・ボーン氏によると，1910年当時，ゾーリンゲンには刃物を製造する100以上の企業が存在したが今日では10社にも満たないという。

44 同社社長のペーター・ボーン氏はじめ，職人の方々へのインタビューは，2016年11月22日にギューデ（Franz Güde GmbH）本社で行われた。また，その前後においても資料の提供等もいただいた。ギューデの３代目であるボーン氏は，われわれのインタビューに対し，「後継者は，企業を後世に引き継ぐ運命に対し責任を感じ，いくつもの仕事をどの時代にも先祖代々行い，企業を成長させてきた」（Perter Born氏，2016年11月21日，Güde本社）と述べ，企業の後継者は，ビジネスの場を異なった視点でみている。同社の存続におけるキーワードは，「勤勉」と「規律」であり，これが同社を統制してきたという。とりわけ，現社長のボーン氏の祖父であり，創業者のベルギー出身のフランツは，新製品や製造プロ

リングJ.A.ヘンケル（創業1731年）[45]などがある。

では，なぜ，現在でもロベルト・ヘアダーは，生き残りを果たすことができたのであろうか。

## 4-2 ロベルト・ヘアダー概要

本項では，ゾーリンゲン中心部に本社を置く，ロベルト・ヘアダーを取り上げる。衰退していく刃物産地内で同社はどのようにして生き残ってきたのか。またどのような対策をとっているのか，経営戦略に加え，ファミリービジネスの視点からも論じていく。ヘアダーはロベルト・ヘアダーによって，1872年に創業された[46]。刃物産地といえども多くの刃物企業が栄枯盛衰を繰り返し，生き残った企業もオートメーション化が進む中で，創業以来，伝統的技法を守り，ナイフを作り続けている。同社のナイフは，風力で砥石を回転させていた頃の名残から「風車のナイフ」と呼ばれ，親しまれてきた。切れ味の鋭い刃，手になじむさまざまな木材のグリップが特徴であり，多数の賞を受賞してきた。機能性やデザインにも定評があり，ドイツ国内外における愛用者も多い。100年以上形状が変わらない「オールドジャーマンナイフ」は，ナイフの刃先でパンやハムなどを切るだけでなく，丸い先端はジャムやバターなどをすくって塗るのに便利であり，用途に合わせて，大きさやかたちは多彩である。

刃付けや柄付けなど，職人が手で行う製造方法は，創業時と同じであるとい

---

セスの開発のために，数分単位で仕事に取り組んできた。新製品や製造プロセスの開発が増えるにつれ，自宅は工場に接したところに建てられたため，仕事とプライベートは混同するかたちになっていた。特筆すべきは，今日，多くのパンナイフに使用されているギューデ製の波状の尖った刃先は，彼による技術革新であり，つねに品質に注意を払い，いくつかの実用新案や特許の申請が行われている。

45 同社は，ヨハン・ペーター・ヘンケルが，有名な双子の商標の，初期のデザインを登録した。その後，250年以上にも及ぶ会社の歴史において，何度かデザイン変更を行っている。

46 同社では30年戦争によって社史資料が焼失している。このことについてギーゼルハイド氏は，「30年戦争があったため，それ以前のことというのはみんな焼き払われてしまい，ないのです。私は4代目です，会社が設立されてから。次の5代目もいます。1872年が設立です。会社の設立がこの年ですが，もちろんその前からずっとやっています。もう少し前に古い文献で私が見つけたのではだいたい1690年くらいまで遡れるみたいで，そうすると，あと4代足してちゃんとした文献が残っていないにせよ，8代くらい続いているとみても良いでしょう」（Giselheid Herder氏，2016年11月22日，Robert Herder本社）。

う。もともとこのHerderという名は，「鋼を強くする」という意味があり，その刃物を代々扱ってきたのがヘアダー家である。

私たちの家族はもともとここの専門でした，焼き入れのですね。ドイツ語ではhertenというのですが，鋼を強くしていくということですね。私の名前はHerderなのですが，そこから来ているのです。これが本当のドイツ語なのですが，この辺では，Herderというちょっと方言になります。まあ，意味は同じなのです。（Giselheid Herder氏，2016年11月22日，Robert Herder本社）

ヘアダーは，代々，ヘアダー家が経営を担ってきた。現在，4代目のギーゼルハイド ヘアダー（Giselheid Herder）氏が商品開発を担当しながら経営者として，その責任を負ってきた。現在，長男の5代目も貴金属の職人として入社している。同業他社は機械化が進む中で，同社は手作りにこだわり，従来の分業制を行い，現在の従業員数は80名である。同社製品の使いやすさや切れ味など，評判を呼び，日本においてもさまざまな雑誌に取り上げられ，購入可能である。そして，日々，よりよいナイフの開発，製造に注力している[47]。

## 4-3　独自性を磨く風車のジャーマンナイフ

風車をトレードマークに使い，正式に登録したのは1905年である。それまではクローバーや鳥の柱などが用いられ（1892年），海外に輸出されていたもののトレードマークを模索し続けていた。その後，現在の風車に決まったが，そのきっかけは，初代ロベルトが，17歳である息子の2代目パオルに対して，旅行用のトランクにたくさんのナイフを詰め，ヨーロッパ各国への行商を命じたことである。2代目が，オランダやベルギーなどを巡る中で，この地で売るな

47　ギーゼルハイド氏は，よりよいナイフを開発するために，日本の刃物産地や企業を訪問し，そこで得た知識を自社の製品に取り入れてきた。例えば，大阪・堺の刃物職人からも多くのことを学んだという。より理解を深めようと，日本語にも挑戦したという。「7回ちょっと日本語を勉強するのを始めたけれど，どれも失敗してとくに漢字がよくできないです」（Giselheid Herder氏，2016年11月22日，Robert Herder本社）。

ら，風車がよいと考えるようになった。風車はさらに人間の営みの中で必要なものであり，ポジティブなイメージもある。こうしたことから，ヘアダーのトレードマークに採用された[48]。2代目が行商に出たことにより，重要な経営方針が定まったのである。主な内容は3点ある。第1に，風車のトレードマークが確立されたこと。第2に，技能や技術に加え，経営の重要性を感じ，会社設立がなされたこと。第3に，ブランドの確立を行ったということである。

（風車は）すべてポジティブなイメージがある。そして，ゾーリンゲンに帰ってきて見渡すと，こちらにも水車があるのです，風車ではなくて。その風車というのも，例えば工具を作るために，力をかけるために，その水で回して，そういう工具を作るところにもありましたし，やはり川沿いにいろいろある。そして生活を成り立たせるための「これはもうポジティブだ」ということで，初代に「風車なんか良いんじゃないか」と提案したら，「それはものすごく良いからやってみよう」ということで，実際に販売したらものすごくうけた，と。それで1905年に正式な登録，ということになりました。（Giselheid Herder氏，2016年11月22日，Robert Herder本社）

1800年代後半は，ドイツの歴史上，企業勃興が盛んな重要な時期であった。実際に，経済史や経営史の分野においてもこの時代の企業家精神に着目し，ドイツの経済成長のキーワードともされてきた[49]。同時代のヘアダーのような事例も多く散見されたのである。

それまでは，古い時代にも良いものを作っていたのですが，会社として立ち

48 「おじいさんが，曾祖父から行って来いと言われたのが，だいたいオランダやベルギーなどだったのですが，あそこに行ったときに風車が多いと思うのですね。そして風車を見て「たくさん風車があるな」と。そして「ここで売るためのトレードマークを探して来い」と言われたので，「風車なんか良いな」と。そして風車というのは，人間の生活に必要な水を上げる作業をするのですが，それによって粉を引くという作業もするわけです。ということは，粉を引くということはパンを作るためのもの。人間に必要な水をくみ取れる」（Giselheid Herder氏，2016年11月22日，Robert Herder本社）。

49 1800年代後半の創業者時代（Gründerzeit）も称される。

写真4－4　Robert Herder製　ナイフ

（出所）筆者撮影。

上がるということがなかった。そして，この時期というのは自分の会社の名前を売るということで，おじいさん（2代目）は自分で出歩いて売りながら，「自分の会社の名前というのはすごく重要なのだ」ということに気づき，結局「これはうちのブランドです」ということを戦略的にもっていこうと思ったみたいなのです。このため，結局そういう経験を積んで，そこに行き着いた。あとは，やはり周りの会社で，この会社のこの名前というので売っている，というが風潮としてありました。それがいわゆる会社経営というものと，それまでの古いかたちの製造と売り方というのが徹底的に違った時代であった，変換の時代でしたね。（Giselheid Herder氏，2016年11月22日，Robert Herder本社）

## 4-4　いくたびの存続危機と対応

ヘアダーの危機は，ドイツの歴史とも深く関わる。大きな出来事は2度にわたる世界大戦である。初代のロベルト，2代目のパオルによって同社のナイフは輸出され，事業は順調であった。しかし，戦争という暗い影が迫っていた。

戦争によって２代目の長男ベアナーは，片目を失ってしまう。次男のギュンター（３代目）は，両足を切断する重傷を負ったのである。しかし，戦場から戻った彼らは勤勉であった。兄のベアナーは隻眼にもかかわらずナイフ作りという緻密な作業に向き合い続けた。弟のギュンターもまた休むことなく，両足を失った中で床の上を這って懸命に仕事に励んだ。兄弟が力を合わせて，戦後この会社を大きく前進させたのである。

私のお父さん（ギュンター）などは戦後のものすごいモノがなくて，物資がなくてどこもかしこも基本的なインフラも，すべて破壊された中からスタートするという難しさがありました。（Giselheid Herder氏，2016年11月22日，Robert Herder本社）

次の危機は，跡継ぎの問題である。３代目のギュンターの子供は，４人すべて女子であった。伝統的なドイツの家であるヘアダー家は，男性に跡を継がせたいとして，婿養子に跡を託すことを考えた。長女，次女，三女とも夫が医者や教師であったり，健康上の問題など，さまざまな条件で，跡を継ぐことが難しかった。四女のギーゼルハイド氏の夫は経済学を学び，跡を継げる状況にあったため，３代目も喜び継がせた。しかし，その想いは間もなく崩れてしまう。ギーゼルハイド氏が28歳の時に夫が亡くなってしまったのである。そこで，ギーゼルハイド氏が，跡を継ぐことを決意した。

「それじゃあ，私が」ということでこの世界に入りました。それでも最終的には，これで本当に良かったな，と思います。（Giselheid Herder氏，2016年11月22日，Robert Herder本社）

さらに，大きな危機は続く。職人不足の問題である。1960年代後半までは，ナイフのグリップをつくる職人，研磨の職人など，それぞれが職業として成り立ち，彼らを３年半かけて育成するというマイスター制度が確立していた。しかし，1969年にこの制度を廃止にした。これはゾーリンゲンにとってものすごくよくないことであったとギーゼルハイド氏は述懐する。鍛冶屋という仕事自体が職業訓練のプログラムからなくなってしまったのである[50]。

このプログラムがあった時代は，徒弟として入り，親方になるまでという決まった工程があったが，今はその一連の流れがなくなってしまったため，職人の供給がストップしてしまったのである。ギーゼルハイド氏が社長に就任したとき，マイスターとして残っていたのは高齢の男性しかいなかった。1969年に職業訓練のプログラムがなくなってから１世代の空白が生まれてしまったためである。このことは技能の伝承も含め，ゾーリンゲン全体の深刻な問題でもあった。

そこで，ギーゼルハイド氏は，まだ残っていた２人の金属研磨のマイスターとともに，プログラムを復活させるため，商工会議所にも許可をとり，習得に３年半かかったものを２年間で習得できるように６年かけてプログラムを再構築したのである[51]。それからは毎年３人から５人の徒弟を受け入れ，技能，資格を取得させるため，ヘアダーの工場で修行している。

毎年３人から５人くらいの徒弟を入れて，この技能，技術，資格を取ってもらえるようにうちの工場でやってもらっています。うちの工場というのは，できるだけほとんどオートマティックな機械を使わず，なるべく手でというモットーでやっています。（Giselheid Herder氏，2016年11月22日，Robert Herder本社）

しかしながら，課題は山積していた。まず職人をどこからどのように連れて来て，その人たちをどのようにして一人前の職人にするのかということが，最大の問題であった。しかも，コンセプトとして，鍛冶という仕事がどうしても

---

50　この背景には，1970年前後よりみられる若者達の価値観の多様化もあげられる。海道（2001）は，その際に，自己実現（Selbstverwirklichung），共同体（Gemeinshaft），創造性（Kereativität），共同決定（Mitbestimmung）に重点が置かれこれに伴い，「労働のモラル」や「消費のモラル」が分化してきていることを指摘する。

51　マイスター制度では，上記にもあるように一定期間の職業教育ならびに訓練が必要となり，これらを経験した後にマイスター試験に合格することでマイスターの資格を得ることができる。この職業教育や実習訓練を３年半から２年に短縮させたのがゾーリンゲンのマイスター制度である。

写真4－5 ／ Robert Herder社　工場内

（出所）筆者撮影。

きつい，汚いなどのイメージがあり，皆好んで仕事につきたいというものではなかった[52]。

そこで，ギーゼルハイド氏を中心にどのようにしたら鍛冶の仕事に共感をもち，イメージアップを図ることができるのかアイデアを交わした。その結果の1つとして鍛冶の仕事ぶりを撮影したドキュメント映画が上映され，大きな反響を得ることができた。

マイスターの方を撮った映画，ちょっとした30分間の映画があって，それをメディアに流したらものすごく反響があって，「これは良い」ということで

52 「この社会一般に通じている考え方をどうやってイメージアップを図るかというのがものすごく大変でした」（Giselheid Herder氏，2016年11月22日，Robert Herder本社）。

意外と来てくれる人が増えました。それを観せて，とにかくイメージを良くして，そして人を惹きつけるために，「ここの世界に来てください」というのが，すごく大変でした。(Giselheid Herder氏，2016年11月22日，Robert Herder本社)

こうして，鍛冶志望の人々が2年間の職業訓練を受けることができた。本音を言えば2年で一流の職人を育てるということは厳しく，6年はかかるのが実際である。

ただ，最終的に人間というのは，何でも今は早く安くという時代ですけれども，時代は変わってもやはり良いものを。そして，結局今その映画の中には落ちぶれても消えかかるものは，やっと拾い上げて復活しましたという内容です。それを観て人々が感動して，本当に良いもの，本当に自分がやっていて意味のあるものをしたい，そういった気持ちというのはやはり昔から忘れられずにどこかにはあると思います。それを呼び起こしてまた人々はそういった気持ちをもって，ゾーリンゲンに来てくれたのではないかと私は思います。人間というのは，そういう気持ちがいつもあるというふうに私は思います。(Giselheid Herder氏，2016年11月22日，Robert Herder本社)

ゾーリンゲンの代表的な刃物製造企業が，職人の後継者不足という課題を自社の問題だけでなく，ゾーリンゲン全体の危機として捉え，行政などを巻き込みながら，真正面から取り組んだことで，技能の継承を可能としたのである。これからより軌道に乗せるためにもギーゼルハイド氏の役割は大きいことがうかがえる。

## 4-5　ヘアダーを支える3つのモットー

ヘアダーにおけるモットーは3つある。第1に手づくり，第2に薄い刃，第3に高品質である。これを数百年にわたり，追求してきたのである。このことは社訓といってもよいとギーゼルハイド氏は述べる。

結局，よいナイフというものは手づくりなのです。手づくりのナイフがよいナイフということですね。これが社訓のようなものです。(Giselheid Herder氏，2016年11月22日，Robert Herder本社)

ヘアダーのナイフの特徴は，断面が均質に細く鋭利であり，「ゾーリンガー・デュンシュリッフ」という技法である。また，同社独自の「ブルーグレージング」という最終仕上げによって，刃の表面の平滑性と光沢を向上させている。次に，木の持ち手の柄の部分である。グリップは，何年も寝かせた胡桃や桜，梅，オリーブなどの天然木を使い，手作業によって削り出し，使用する人が使いやすいように形づくられ，滑らかに磨き上げられている。近年では，女性用[53]や子供用[54]，リウマチ患者用[55]など，小さめのナイフや持ちやすさを追求し，常に使用する人々のことを考え，ナイフを開発している。ヘアダーのナイフを一度使用すればその魅力が伝わるであろう[56]。

## 4-6　家族経営ならではの強み

ファミリービジネスの強みを表す言葉として，ギーゼルハイド氏はZusammenhaltungというドイツ語の単語を用いて説明してくれた。いわゆる家族の絆，まとまりかた，強い絆を指すものである。そして，家族は，自分で

53 「これは私が女性用に考えたものなのですが，ドイツでは女性はあまり大きい包丁は好きではないので，女性用に考えました。かといって，小さいからといって果物包丁みたいなものだと，切れないということで。通常の大きいものを小さいバージョンで作りました。ここを見てもらうと，刃の流れが一緒ということがわかります」(Giselheid Herder氏，2016年11月22日，Robert Herder本社)。

54 「子供用は，子供が切りやすいように，少し凹んでまた上がっている感じになり，ここここがやはり，丸い感じですね。子供というのは，親と同じものを使いたがるので，やはりこれと同じ形ということで，それを意識して作りました。子供の料理教室というところでテストをしました」(Giselheid Herder氏，2016年11月22日，Robert Herder本社)。

55 「子供用以外にもリウマチを患っている人にもすごく人気があるのです。やはりちょっと動きがなかなか難しいので，ここが（グリップが）反っていることで使いやすくなっています。あまり手の動きが難しい人でも」(Giselheid Herder氏，2016年11月22日，Robert Herder本社)。

56 筆者も大小さまざまなヘアダーのナイフを数年間使用しているが，その使いやすさは目を見張るものがある。

選べられるわけではないため，仲良くなったり，時には憎しみ合いになったりもする。そこには，「感情」というものが入るからである。このことに関して，ギーゼルハイド氏は，「なにかしらの重要なことが起きた場合，やはり家族というのはまとまる，他の集団よりもまとまることができる」（Giselheid Herder氏，2016年11月22日，Robert Herder本社）と指摘する。

いま１つ大切なこととして，「自分のつくった商品に対する愛，これがものすごく重要です」とギーゼルハイド氏は述べる。この考え方があることで，「この商品を売ろう」，「この技術を伝えてものをつくっていきたい」などといった気持ちが商品の中に浸み込んでいくという。「それはやはり愛があるからこそ，できること」と強調した。

加えて，従業員にばかり働かせるのではなく，自らもよく働くことの重要性である。大きい会社になると役職者がいて経営重視になりがちである。他方でギーゼルハイド氏は，自身も手工業，制作の方へ加わっているという。それが従業員を自分のほうへひきつける。そして，従業員の中に家族経営のそういった気持ちが伝わり入っていくという。こうしたことが，家族経営がうまくいく強みではないか，と論じた。

いわゆるその気持ちが，Vorbild erziehtという諺に現れている。経営している側と使われている側というのに隔たりがなく，経営者自らが，模範となって働いている姿，一生懸命の姿，自分がつくっているものを愛して働いていることを家族や従業員もみて，それが伝わっていくのである。

このように，家族経営というのは，強い力を発揮するのにすごく良いことであり，まとまりがあるということをギーゼルハイド氏は強調する。他方で，昔のように長男だから必ずしも，跡を継がなければならないとのやり方をしていると大きな問題が生じると考える。それは，その人物に能力が備わっていないことや跡を必ず継ぎたいと，心の底から思えていない場合である。

父親から「継げ」という感じで言われていたが，やりたくないという感じで，そういった強制というのは絶対にしてはいけない。このことは，強制をしてもその人は絶対に良い職人にはならないし，嫌なのでよくもなれない。「好きこそものの上手なれ」であり，好きでないとまずはいけない。（中略）私は日本の何代も続く老舗の息子さんに会ったことがあるのですが，本当にかわいそうだった。その人は，何代目なのでやらなければならないという気持ちで，それが会っていてよく分かるのです。本当はやりたくないのにやらされているというのが。……（中略）……昔ながらの半強制的なこういった古い相続というのは，よくないことだと思っています。やはりその人がまず「やりたい」という。そして，その腕，素質を持っているというのがすごく重要だと思います。（Giselheid Herder氏，2016年11月22日，Robert Herder本社）

以上のように，事業の継承は重要なことであり，多くの事例をギーゼルハイド氏も目のあたりにし，長年考えてきたことがここからもうかがえよう。

## 4-7 家族との関係性

家族の結束の強さの重要性を感じているからこそ，行事ごとに集まることを意識している。例えば，サマーパーティーやクリスマスの時に加え，どの催しにも家族全員が集まるようにしているという。

また，ヘアダー家で伝統的なこととして行ってきたのは，社会貢献，ボランティア活動であるという。ギーゼルハイド氏の祖母も，これらの活動に熱心で

写真4－6 ／ Robert Herder社　Giselheid Herder氏

（出所）筆者撮影。

あり，それはほとんど伝統であると彼女は述べる。

現在，私たちがしているのは若い人たちが時間にぴったりと時間通りに物事をすることの重要性を伝えています。またはあまりにも物が溢れすぎていて，簡単に何でも買える時代で，物事の価値をわかることができないなど，そういった一般的な精神状態が不安定だとかそういうものを持っている子供たちや若い人たちに対するアドバイスなどをしています。あとは麻薬関係に手を出してしまった人たち，そして借金に追われているような人たち，自分の人生をうまくコーディネートできない人たちなどに対して助言をしたりだとか，そういった社会貢献をしています。これが私たち家族の中ではけっこう意外とよくされていることです。（Giselheid Herder氏，2016年11月22日，Robert Herder本社）

先に論じた，職人の育成に加え，ゾーリンゲン内で抱える麻薬や借金などの問題を抱える人々への社会貢献を積極的にすることは，ヘアダーがゾーリンゲンという地で，代々存続してきたことが大きい。その地域で密接に関わってきたからこそ，恩返しするという思いで，郷土に対して愛情をもって貢献していく気概がこうした事例からもうかがえよう。

## 5　おわりに

本章では，ドイツにおける中小同族企業の企業統治および経営について論じてきた。

本章における貢献は，大別すると３点あると考える。第１にドイツの中小同族企業に関する議論やその特徴を整理するとともに，研究課題を明らかにした。とくに，地域に根差した視点やファミリービジネスの存続，継承プロセスなどの詳細な事例研究の蓄積はほとんどなく，これらの諸問題を取り上げることは，学術的貢献になると考える。第２に，ドイツ企業の長期存続要因について文化や伝統，地域性，そして歴史的背景も含めながら明らかにしたことは，今後のドイツ企業の長寿性やファミリービジネス研究においても一石を投じることができたのではないかと考える。インタビュー等からも得られたことは，短期的な利益の最大化を目標とはしていない，つまり存続を基本として，戦略が立案されているということであった。第３に，ファミリー内の問題やその解決方法など，極めてプライベートな内容に関しても調査を行い，これを論じたことは今後の研究の発展に寄与するであろう。

最後に残された研究課題について述べておこう。本章における中小企業に着目した事例は，ほんの一例に過ぎない。先行研究におけるドイツの中小企業研究もいまだ限定されたものである。また，ドイツと日本企業のフィールド調査も交えた国際比較研究に関してはさらにその事例は少なくなる。そのために今後ますますこれらの視点によって解明されることが期待される。

**【参考文献】**


Amatori, F. and C. Andrea（2011）*Business History*, Routledge.（西村成弘・伊藤建市訳『ビジネス・ヒストリー』ミネルヴァ書房，2014年）

Audretsch, D. B. and E. E. Lehmann（2016）*The Seven Secrets of Germany: Economic Resilience in an Era of Global Turbulence*, Oxford University Press.

Audretsch, D. B.（2015）*Everything in Its Place: Entrepreneurship and the Strategic Management of Cities, Regions, and States*, Oxford University Press.

Bianka, K.（2020）*Unternehmensnachfolge in kleinen und mittelstandischen Familieuunternehmen aus erbschaftsteuerlicher Sicht*, Hamburg.

Ewing, J.（2014）*Germany's Economic Renaissance: Lessons for the United States*, Palgrave Macmillan.

Kellermann, I. W（1974）*Die Deutsche Familie*, Frankfurt.

Krause, M. and J. Putsch（1994）*Schneidwarenindustrie in Europa*, Köln.

Mordock, G. P.（1949）*Social Structure*, Macmillan.

Parella, J. F. and Hernández, G. C.（2018）The German Business Model: The Role of the Mittelstand, *Journal of Management Policies and Practices*, Vol. 6 No. 1, pp. 10-16.

Putsch, J.（2000）*Die Reihe Archivbilder Solingen: Industriekultur 1880-1960*, Erfurt.

Simon, H.（2009）*Hidden Champion in the 21st Century: The Success Strategy of Unknown World Market Leaders*, Springer.（上田隆穂監訳・渡部典子訳『グローバルビジネスの隠れたチャンピオン企業―あの中堅企業はなぜ成功しているのか―』中央経済社，2012年）

天野史子（2009）「立命館大学税法研究会―ドイツ相続贈与税法と資産取得課税について―」

『立命館法学』第320号，pp. 318-421。
海道ノブチカ（2001）『現代ドイツ経営学』森山書店。
加護野忠男・砂川伸幸・吉村典久（2010）『コーポレート・ガバナンスの経営学―会社統治の新しいパラダイム―』有斐閣。
黒川洋行（2019）「ドイツの中小企業と地域金融機関―貯蓄銀行グループとの関係性を中心に―」『証券経済研究』第106号，pp.129-148。
杉浦哲郎・吉田健一郎（2014）「ドイツ経済はなぜ蘇ったか―労働市場と中小企業から考えるドイツの強さ―」『みずほインサイト』2014年2月27日号，pp.1-10。
曽根秀一・吉村典久（2021）「ドイツにおけるミッテルシュタントの統治および経営にかんする研究―ペリンガー社を中心に―」『静岡文化芸術大学研究紀要』第12巻，（近刊）。
根本忠宣（2007）「ドイツのファミリービジネスにおける事業承継の現状と課題」『調査季報』第81号，pp.38-63。
ファミリービジネス学会・奥村昭博・加護野忠男編（2016）『日本のファミリービジネス―その永続性を探る―』中央経済社。
藤本武士・大竹敏次（2019）『グローバル・ニッチトップ企業の国際比較』晃洋書房。
山口隆之（2014）「模範としてのミッテルシュタント―近年フランスにおける中堅企業論を中心として―」『商学論究』第61巻第4号，pp.205-233。
山本健兒（2018）「ドイツ経済復活の鍵としてのミッテルシュタントと地域経済―Audretsch and Lehman（2016）とEwing（2014）の見解を踏まえて―」『経済学研究』第84号，pp.51-86。
吉田修（1994）『ドイツ企業形態論』森山書店。
吉森賢（2015）『ドイツ同族大企業』NTT出版。

# 第5章

# ドイツの大規模企業の統治と経営

## 1　はじめに

ドイツ企業の企業統治といえば共同決定（Mitbestimmung）の存在を無視することはできない。共同決定はこれまで多くの先行研究が論じているように，従業員の権利保護の側面と経営の制約条件としての側面と企業統治に関わる部分が存在する。共同決定を評価する論者が，従業員の権利擁護という側面から検証すると，従業員の権利を保全すべき労働法制の隙間を埋める存在としての価値を見出すことが可能である。また，経営の制約条件という側面から検証すると，経営判断に一定の枠を嵌めるものであるのと同時に従業員と企業との一体感を醸成し，素早い意思伝達を可能にする装置とみなすこともできよう。さらには，企業統治に関する側面から検証をすると，そのあり方を定める要因となるとみなすこともできよう。つまり，共同決定に関して研究を行おうとする場合，この３つの方向性があり得るのである。

よって，共同決定の含意を検証するのであれば，この３点に関わる先行研究を整理し，自らの資格を提示せねばなるまい。しかしながら，本書はドイツの共同決定のみを論じることを目的としておらず，ドイツ企業研究を志している。そこで，本章では，次のような手順でその目的を遂げようとする。すなわち，ドイツの多様な企業形態の外観とその特質を明らかにしたのちに，共同決定に関する議論の整理を行う。その過程で，事例を用いながらドイツ企業の統治に関わる新たな視角を提示したい。

## 2 ドイツ企業の企業形態

ドイツには，多様な企業形態が存在している。主要な形態としては株式会社（Aktiengesellschaft：AG），ヨーロッパ会社（Europäische Gesellschaft：SE[1]），有限会社（Gesellschaft mit beschränkter Haftung：GmbH），株式合資会社（Kommanditgesellschaft auf Aktien：KGaA），合名会社（offene Handelsgesellschaft：OHG），合資会社（Kommanditgesellschaft：KG）など[2]である。簡単にこれらの形態の説明をしたい。

株式会社（AG）：法人格を有している資本会社（Kapitalgesellschaft）の一形態。株主は，出資額を限度とした有限責任を負う。企業統治は，執行役会（Vorstand）と監査役会（Aufsichtsrat）の二層制をとっており，監査役会が執行役会の選任・監督を実行する。

ヨーロッパ会社（SE）：EUによって制定された欧州会社法に基づいて設立できる有限責任負担を前提としたEU全域の事業展開を可能にする会社である。企業統治構造を一層制にするか二層制にするかを選択できる。

有限会社（GmbH）：法人格を有し，出資の金額を限度とする有限責任を負う社員（Gesellschafter）からなる会社である。企業規模に応じて，企業統治構造を二層制の構造にすることが必要になる。

株式合資会社（KGaA）：無限責任社員と株主とから構成されている。無限責任社員のみが会社の代表と業務執行権を有している。

合名会社（OHG）：法人格を有しない。２人以上の無限責任を有する社員に

---

1　ヨーロッパ会社の略字はドイツ語の由来のものではない。ヨーロッパ会社法はEU理事会で採決され，2004年10月８日より施行された。ラテン語でSocietas Europaeaとなるため省略してSEと表記される。

2　上記以外にも多くの企業形態が存在する。例えば，吉森（2013；2015），高橋（2012）を参照のこと。

よって構成されている会社である。

合資会社（KG）：法人格を有せず，無限責任社員と有限責任社員とで構成されている。無限責任社員のみが会社の代表と業務執行権を有している。

まとめると，差異を生み出す主な点としては，法人格の有無，債務に対する責任の範囲，出資の他者への譲渡の容易さ，（社員・株主総会，取締役など）各機関の機能などを挙げることができよう。

ここで改めてドイツにおける企業形態別の企業数を示した（**図表５－１**）。これはドイツ全体の数字であるので，中堅，中小企業も含まれたものではあるが参考になるであろう。ドイツの特徴として挙げることができるのは，有限会社が非常に多く，株式会社は少ない点である。複合形態の企業数はAGをはるかに上回る数となっている。このような事象が起きるのはなぜであろうか。その理由の１つが企業統治に関わるものであることを以降で示していきたい。

ドイツの大企業は，株式会社（AG）とヨーロッパ会社（SE）の形態をとるものが多いとされているが，多様な企業形態が存在しているのが現状である。独占委員会の価値創造100大企業を第２章で示したが，株式会社（AG）が41社，株式会社と合資会社の結合形態（AG & Co. KG）が２社，ヨーロッパ会社（SE）が７社，ヨーロッパ会社と合資会社の結合形態が（SE & Co. KG）が１社，ヨーロッパ会社と株式合資会社の結合形態が（SE & KGaA）が２社，有限会社（GmbH）が８社，ヨーロッパ会社と合資会社の結合形態が（GmbH & Co. KG）が４社，などであった。特に注目されるのが，異なった企業形態が複合されたものが少なくない点である。例えば，株式合資会社（AG & Co. KG），ヨーロッパ合資会社（SE & Co. KG），有限合資会社（GmbH & Co.

**図表５－１**　企業形態別，登録企業数（2018年）

| 企業形態 | 企業数 |
|---|---|
| 有限会社（GmbH） | 97,712 |
| 有限責任事業者会社（UG） | 16,235 |
| 民法上の組合（GbR） | 33,759 |
| 有限合資会社（GmbH & Co.KG） | 16,325 |
| 株式会社（AG） | 1,410 |

出所：ドイツ統計庁『Statistisches Jahrbuch 2019』のデータに依拠して筆者作成。

KG)，ヨーロッパ株式合資会社（SE & KGaA）などである。

## 3　同族企業

ドイツでは，多くの同族企業が存在している。ここで用いる同族企業の定義としては，特定の出資者が過半数またはそれに近い持分を所有している状況にある企業としたい。また，価値創造100大企業には多くの同族企業が含まれており，全100社のうち，30社が同族企業であることがわかる（**図表5－2**）。同族企業というと，中堅，中小企業をイメージしがちであるが，ドイツにおいては大手企業にも同族であるものが少なくない。

これだけの巨大企業が同族支配の状況を維持できているのはなぜなのであろうか。一般的に言って，創業者から代を経れば経るほど個人間の関係性は弱まってくる。同族企業の抱える企業統治上の最大の課題の１つは同族間の争いだといえなくもない。その証拠に，Groß *et al.*（2012）が年間売上高5,000万ユーロを超える55社に対して行ったヒアリング調査では，33社で，構成員の１名以上の同族が他の同族の意向に反して企業への出資を引き上げるという事態が発生していた。このような事態が起きる１つ目の理由は利益の分配であり，２つ目の理由は企業のボードメンバー構成に対する不満であり，３つ目の理由が企業戦略に対する意見の相違であった。２番目と３番目は，同族が企業にコミットできる状況であるがために発生する事象だといえる。そこで，そのような争いを防ぐ装置が必要となるのである。その方法の１つが，企業を直接的に支配せずに間接的に支配する方法である。BrockhoffとKoeberle-Schmid（2012）によるとドイツの株式会社における同族の支配形態のパターンは次の５つである。

①同族会（Familienrat）

②代理人（Familienrepräsentanz）

③監査役会委員（同族が就任）

④監査役会委員（同族に近い人物が就任）

⑤資産管理会社（Pooling Services Unternehmen）

図表5－2　価値創造100大企業における同族企業（2018年）

| 順位 | 企業名 | 資本持分（％） | | | | | |
|---|---|---|---|---|---|---|---|
| | | 100大企業 | 海外機関投資家 | 公的部門 | 同族含む財団 | 浮動株 | その他 |
| 1 | Volkswagen AG | | 18.38 | 20 | 52.2 | 9.42 | |
| 3 | Bayerische Motoren Werke AG | | 10.95 | | 46.3 | 41.71 | 1.04 |
| 5 | Robert Bosch GmbH | | | | 99 | | 1 |
| 8 | INA-Holding Schaeffler GmbH & Co. KG | | | | 100 | | |
| 20 | Schwarz-Gruppe Lidl Stiftung & Co. KG | | | | 100 | | |
| 25 | Merck KGaA | 4.44 | 16.43 | | 70.3 | 7.81 | 1.02 |
| 28 | Aldi-Gruppe（Aldi Einkauf GmbH & Co. oHG） | | | | 100 | | |
| 30 | Bertelsmann SE & Co. KGaA | | | | 100 | | |
| 32 | C. H. Boehringer Sohn AG & Co. KG | | | | 100 | | |
| 33 | Asklepios Kliniken GmbH & Co. KGaA | | | | 100 | | |
| 35 | Rethmann SE & Co. KG | | | | 100 | | |
| 39 | Adolf Würth GmbH & Co. KG | | | | 100 | | |
| 47 | Otto Group Otto（GmbH & Co KG） | | | | 100 | | |
| 49 | Henkel AG & Co. KGaA | | 4.91 | | 63.5 | 31.59 | |
| 52 | PricewaterhouseCoopers Aktiengesellschaft Wirtschaftsprüfungsgesellschaft | | | | 100 | | |
| 59 | KPMG AG Wirtschaftsprüfungsgesellschaft | | | | 100 | | |
| 60 | Deloitte GmbH Wirtschaftsprüfungsgesellschaft | | | | 100 | | |
| 66 | AVECO Holding AG | | | | 100 | | |
| 68 | maxingvest AG | | | | 100 | | |
| 72 | Ernst & Young-Gruppe Deutschland | | | | 100 | | |
| 73 | Carl Zeiss AG | | | | 100 | | |
| 77 | Freudenberg & Co. KG | | | | 100 | | |
| 78 | B. Braun Melsungen AG | | | | 100 | | |
| 80 | dm-drogerie markt Verwaltungs-GmbH | | | | 50 | | 50 |
| 81 | MAHLE GmbH | | | | 100 | | |
| 83 | Hella KGaA Hueck & Co. | 1.81 | 5.29 | | 60 | 31.57 | 1.33 |
| 85 | Wacker Chemie AG | 2.3 | 3.49 | | 62.16 | 27.3 | 4.75 |
| 87 | Axel Springer SE | | 24.95 | | 49.58 | 25.47 | |
| 98 | Krones AG | 4.43 | 8.66 | | 51.61 | 35.3 | |

出所：Monopolkomission（2020）のデータに依拠して筆者作成。

**図表5-3** 資産管理会社の概念図

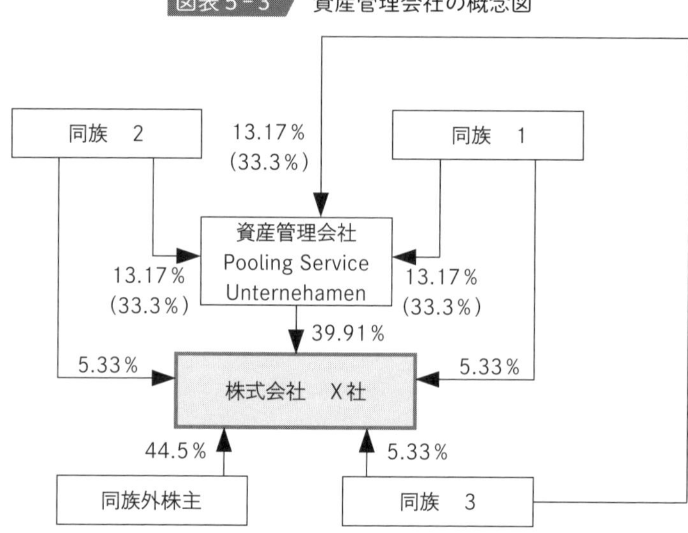


出所：BrockhoffとKoeberle-Schmid（2012）p.338より筆者作成。

この５項目共に圧倒的に強い同族を生み出さず，同族間のバランスをとる方法だといえよう。**図表５-３**は，現実に実行されている方式について企業を匿名の形で，BrockhoffとKoeberle-Schmid（2012）が図示したものである。

ここで再び企業形態に関して振り返ってみたい。ドイツの規範的老舗・新興同族企業の名鑑に掲載されている111社のうち，実に48社，43％が有限合資会社（GmbH & Co.KG）の企業形態を採用しているのである（吉森，2013）。有限合資会社は，無限責任社員を有限会社が担う形態であるといえる。これだけ多くの企業がこの企業形態を選択しているということは，この形態を選択するに値する合理的な理由が存在するはずである。その理由を探るために，Miele & Cie. KG[3]のケースを見ていく。ミーレは1899年創業，2019年時点で従業員数が約２万人，売上高が約22億４千万ユーロに上る大手家電メーカーである。創業時から現在の主力商品の１つである洗濯機の製造をしていたのであるが，

3　Cie. KGのCieはCompagnieの略字で，フランスおよびスイスで使用されているが，ドイツにおいても使用している会社がある。

図表5-4　Miele & Cie. KGの支配構造の概念図

出所：Miele & Cie. KGホームページから得た情報にもとづき筆者作成。

当時，関連技術で連鎖的な技術革新が起きており需要が大きく伸びていた自動車の生産もしていた。1950年代には自転車やオートバイの生産も行うなどしていたが，1960年代に白物家電に経営資源を集中させて現在に至っている。ミーレの主力製品は，キッチン周りの家電と掃除機，洗濯機であるが，この分野では競合企業が少なくない。価格対性能比を武器に中国のハイアールが白物家電で世界最大のシェアを持っており，イノベーションを活用してダイソンが掃除機の分野で大きな力を持っている。また，1980年代ほどの力がないとはいえ日本メーカーも国内外市場に向けた新製品開発を停止していない。そのような競争の中で，ミーレは10年壊れないことを目指した設計を行っており，（新技術を投入するような製品開発ではないため，市場シェアを大きく奪うようなことはできないが，）市場で一定の評価を受け続けている。このような長期的なスパンで事業を構築していく経営戦略[4]をとることができたのは，支配構造が安定していたのが重要な要因であるだろう。ミーレは，有限合資会社の形態をとることでミーレ同族会（Miele Familienrat）が意思決定に独占的に関与することを可能にしている。さらに，Miele家が優越しているとはいえ，圧倒的なものではないのでZinkann家との合議が必要な状況にあることが独裁的な同族の出現を防ぐのに役立っている（**図表5-4**）。

4　ミーレの経営は内部資金に依拠しており，銀行から資金を借り入れたことがない。Miele has never taken out a bank loan, relying entirely on internal funds for growth.（Forbes（2003年7月7日））　https://www.forbes.com/global/2003/0707/042.html#784eddbe78b0（最終閲覧日：202年12月1日）

ミーレの執行役員会は５名体制である。すなわち，Olaf Bartsch（財務担当），Dr. Stefan Breit（技術担当），Dr. Axel Kniehl（マーケティング担当），Dr. Markus Miele（業務執行），Dr. Reinhard Zinkann（業務執行）である。特筆すべきは，ミーレには社長がおらず，この５名が同格であるという点である[5]。執行役員会も圧倒的な権力の出現を抑える仕組みとなっている。ミーレには2014年時点で71人の同族がおり，全会一致の原則で両家がそれぞれ３名の代表を選び，同族会を組織している。同族会は年４回ほど会議を行い，ミーレの経営や利益の同族への分配について話し合うのである[6]。これらの仕組みは，Groß *et al.*（2012）の調査で浮かび上がってきた同族の分解要因である，先に挙げた要因の２番と３番が発生するのを防ぐのに役立とう。つまり，退出に制限をかけ，独裁ではなく合議を重んじることが企業統治を安定させるための仕組みであるといえる。ミーレの事例は，ドイツにおいて２つの企業形態の結合形態を同族企業が選んでいることの有力な説明の１つとなろう。

## 4　ドイツの共同決定制度の形成過程

従業員の権利擁護という側面から制度の形成過程の概観を示すことにしよう。共同決定をどのような意味合いで捉えるかによって，制度の発現時点が何時であるかの判断が異なるであろう。意思決定に多様なステークホルダーが関わり，ステークホルダー間の権利保護という点を重視するのであれば，原型としては，

---

5　The other members of the Miele & Cie. KG Board of Management, all on an equal footing, are Olaf Bartsch（Finances/Administration）, Dr Markus Miele（Managing Director and Co-Proprietor）, Dr Eduard Sailer（Technical Affairs）and Dr Reinhard Zinkann（Managing Director and Co-Proprietor）.
（https://www.miele.de/en/m/change-on-miele-board-of-directors-2141.htm）（最終閲覧日：2020年12月１日）

6　The guardian（2014年１月13日）Miele boss explains how his two-family business has lasted four generations.
（https://www.theguardian.com/business/2014/jun/13/miele-boss-family-business-four-generations）（最終閲覧日：2020年12月１日）

中世ドイツの都市におけるツンフト（Zunft）[7]まで遡ることが可能であると考える。しかしながら，中世の職人が形成した組織では，封建的な主従関係と契約関係が並立して運営の基盤となっていたため，近代以降の契約関係を基盤として運営されている組織と同列に論ずるのはやや問題がある。そうなると，近代以降に形成された仕組みに着目する必要が出てくる。北村（1978）は，1850年前後に数多く設立された工場救護金庫に共同決定の仕組みの萌芽あるとした。ドイツ帝国の成立の前後における工業の急速な発展は，法整備も同時に促すことになった。プロイセンを中心とした北ドイツ連邦においてプロイセン国王のヴィルヘルムⅠ世が，1869年6月21日に北ドイツ連邦営業令[8]を発令した。この法律は，営業の自由を認め，従業員を保護し，職業教育の原初的な枠組みを示した。ツンフトにおける規定と大きな違いがあるのは，①同職組合の加盟人制限がない（第84条），②平の構成員であっても投票権が認められている（第92条），③労働環境の悪化を防ぐ規定（第128条，129条）を詳細に定めている点である。それらの内容を強化し「労働者保護法」（Arbeiterschutzgesetz）が，1891年に制定された。労働者保護法には，その名の通り就労環境の悪化を防ぐための条項が列挙されている（Reichsjustizministerium, 1891）。共同決定との関連で特に重要なのが，設置が任意ではあるが，労働者委員会に経営者，使用者と「就業規則」（Arbeitsordnung Vorschriften）の制定に際し，意見を表明する権利を認めている点である（Clodius, 2004, p.5）。従業員たちの献身的な協力が必要となった第一次世界大戦中の1916年に「労働者委員会」（Arbeiterausschuss）の設置が義務化された。ここで従業員が組織管理に直接コミットメントできるようになったのである。この流れの中で，経営者，労働組合，軍部の3者が「超経営的参加」（山田，1977）を行った，「大ベルリン金属工業戦時委員会」（Kriegsausschuss für die Metallbetriebe Groß-Berlins）の設置がなされた。ドイツ産業革命から今日まで起きた数多くの出来事の蓄積

---

7　各種手工業別の同職組合（同職ギルド）のことである。ツンフトには，坂本が「労働時間の規制は，日曜祭日の労働禁止同様，一般的原則で，親方のみならず職人，徒弟すべてにかかる事で，これに違反する者は，厳しく罰せられ，道具の没収やツンフト成員権の一時停止か剥奪の重刑が課された。」（坂本，1993，p. 248）と指摘するように保護に係る規定も多く含まれている。

8　詳細は，田山（1971）を参照のこと。

によって，就業環境の改善に関しては，従業員に一定以上の発言権を認めるということが，ドイツ社会における慣行となっていったのである。それは，西ドイツでなされた一連の立法行為によって明確に規定されることとなる（堀口，2017）。

続いて，企業統治の側面から共同決定制度の形成過程の概観を示すことにしよう。ドイツで初めて二層制取締役会制度が取り入れられたのは，ナポレオン戦争におけるプロイセンの敗退に伴うフランスによるラインラント併合時のことである。それは，ナポレオンが1807年に制定した「フランス商法典」（Code de commerce）の同地域への施行によってなされたのである（吉森，2000）。それを基礎とし，ドイツの国内法として立法されたものが，1861年制定の「普通ドイツ商法典」（Allgemeines Deutsches Handelsgesetzbuch）である。その法典で企業のコントロール機関としての「監査役会」（Aufsichtsrat）という語彙が用いられるようになり（シューマッハー，2008），それ以降に普遍化していったことで明示されるように，ドイツの企業経営において，法的に業務執行と業務監督が明確に分離したのである（吉森，2000）。バーリとミーンズが企業の巨大化による経営と所有の分離を指摘し，経営者の暴走に警鐘を鳴らしたのが，1932年に出版された*The Modern Corporation and Private Property*であったことを考えると，それよりも半世紀も早く業務執行を担う経営陣に監視を行うという仕組みを明確に組み込んだ点には，それがどのような背景に因るにしても注目が必要であろう。

この流れを受け，執行と監視を分離したドイツの二層制取締役会制度は，石炭・鉄鋼業を対象とした1951年制定の「モンタン共同決定法」（Gesetz über die Mitbestimmung der Arbeitnehmer in den Aufsichtsräten und Vorständen der Unternehmen des Bergbaus und der Eisen und Stahl erzeugenden Industrie）で制度として整うこととなる。さらに，1952年に制定され1971年，2001年に改訂された「経営組織法」（Betriebsverfassugsgesetz）で全産業に適用され，1976年制定の「共同決定法」（Mitbestimmungsgesetz），2004年制定の「３分の１参加法」（Drittelbeteiligungsgesetz）によって社会制度の一部として確立したといえよう（村田，1987；佐々木，1995；平澤，2006；吉森，2010；海道，2013）。これらの法律は，企業に法的な義務を課し，二層制取締役会制度を基盤とした統治を実現したのである（海道，2005）。しかしながら，一連の諸法は，経営における執行と監視の機能を分離したことにとどまらず，英米企業との企業統治上の差異を生み出す要因となった。すなわち，ドイツの諸法は従業員に処遇や執行役の選抜に関する決定に関与または拒否する権利を与えることで，執行役員会が行う経営上の重要事項の意思決定の折に，ステークホルダー，特に従業員の利害を考慮する必要性が生じることになったのである。それに対して，英米企業の一層制取締役会制度は，シェアホルダーの利害をより考慮しなくてはならない制度であるといえよう。

## 5　共同決定の規定と機能

株式会社では，必ず監査役会を設けなくてはならないが，従業員代表が監査役に占める割合は500人以上2,000人未満の企業で３分の１，2,000人以上の企業では半分を占めることが定められている。ただし，2,000人以上の企業の監査役会議長（投票が同数の場合，議長はもう１票投ずることができると定められている。（共同決定法29条）海道，2005）は経営側の代表が就任することになっており，経営側の優越が担保されている。定員は，2,000人未満で６名（従業員代表２名），2,000人以上１万人未満で12名（従業員代表６名中，該当企業４名，労組２名），１万人以上２万人未満で16名（従業員代表８名中，該当企業６名，労組２名），２万人以上で20名（従業員代表10名中，該当企業７名，労組３名）が選出される（ガウグラー，増田訳，2007）。有限会社では，３分の１参加法（Drittelbeteiligungsgesetz）の規定により500人未満の企業は，監査役会を設置することができるが，設置することは義務ではない。500人以上の企業では株式会社と同じとなり，2,000人以上になると株式会社と同じ共同決定法が適応される。これらの法令の諸規定から，共同決定と企業統治の関係を論じる場合，多くの論者が監査役会に注目して議論を行っていた。確かに，従業員の代表が執行役員会の意思決定を監視し，何らかの誤りがあれば，選任・解任することに関与できるという仕組みは執行役員会に掣肘を与えうるものであり，ドイツの企業統治の特徴といえよう。ただ，上で説明したように，監査役会では常に資本側が多数を占める状況にあり，従業員の自儘な判断が簡単に通る仕組みでもないことには注意が必要である。

監査役会の仕組みに組み込まれているのは，従業員による経営のモニタリング機能であるといってもよいであろう。もちろん，ドイツにおいても金融機関による経営に対するモニタリングは，戦後の西ドイツ，統一ドイツの企業統治において最も重要な役割を担ってきたことはいうまでもない。それはDeutschland AGと称される金融機関を中心とした株式持ち合いによって支えられていた（Streeck，2003；Höpner，2007）。しかしながら，資本市場がグローバルに開かれ，2002年の税制改定[9]（JETRO，2002；Höpner, 2007）が決定打となり，資金提供者，株主として，保険会社，投資信託，年金基金などの内外の機関投資家の存在感が大きなものとなる一方で，主要な資金提供者そして企業統治の主要な担い手としての銀行の地位が揺らぐこととなった。その証左として，ドイツ銀行幹部が他社の監査役に就任するケースが，1996年には32あったのが，2006年には４に減少している（Höpner, 2007）。

では，いよいよその使命が重くなってきている経営を監視する役割を持つ監査役会の労働側の代表者を選抜する経営協議会のメンバーはいかように選ばれているのであろうか。経営協議会選挙は４年に一度実施され，事業所経営協議会メンバーが選出される（**図表５-５**）。この選出されたメンバーは各事業所を基盤としており，そこからさらに監査役会メンバーが選出されるのである。ここで着目されるのが，代表として監査役会メンバーに選ばれる人物は外部出身の人物は少なく，該当企業出身者が過半を占めている点である。一般的にドイツは産業用別労働組合制をとっており，同一企業における組合間の対立はそう多くはない[10]とされているが，現実には必ずしもそうはいえない事例が見いだされることがある。

2018年に実施されたベルリンにおける事業所経営協議会の選挙結果であるが，

---

9　企業の保有株式売却益を非課税（従来は税率52％）にした税制改革。たとえば，保険最大手のアリアンツは保有するHypovereinsbankの株式売却（全株式の13.6％，2002年）で約２億ユーロの売却益を得ることができた（Höpner，2007）。

10　組合間の対立が全く存在しないわけではない。たとえば，複数の労組が合併してできたVerdi（Vereinte Dienstleistungsgewerkschaft）は，賃金協約交渉における組合員の利益代表権限をめぐって，IG Metall，IG BCEとの間で争いを起こした（日本労働研究機構，2001）。

図表５－５　経営協議会選挙2018年の結果（ベルリン地区）

| 企業名 | 有権者 | 経営協議会の定数 | IG metall出身の当選者 | 投票率 |
|---|---|---|---|---|
| BIOTRONIK SE & Co. KG | 3,023（2,740） | 23（21） | 16（11） | 62％（66） |
| BMW Werk Berlin | 3,127（2,597） | 23（21） | 22（21） | 76.6％（81.2） |
| BSH Hausgeräte GmbH | 946（786） | 13（13） | 12（13） | 62.26％（71.6） |
| IAV GmbH | 1,509（1,211） | 17（15） | 12（12） | 52.11％（47.11） |
| KB PowerTech GmbH | 415（217） | 11（9） | 11（9） | 65.30％（76.8） |
| MAN Diesel & Turbo SE | 441（511） | 11（11） | 11（11） | 76.87％（78.14） |
| Mercedes Benz Werk Berlin | 2,746（2,556） | 21（21） | 15（15） | 59.1％（65.1） |
| Siemens AG Dynamowerk | 816（756） | 13（13） | 12（13） | 70.96％（74.74） |
| Siemens AG Gasturbinenwerk (PS PG) | 3,834（3,826） | 25（25） | 21（20） | 52.74％（60.19） |
| Siemens AG Messgerätewerk (EM DG Pro) | 990（970） | 13（13） | 12（11） | 60.70％（67.73） |
| Siemens AG Schaltwerk (SW/SWH) | 3,136（3,091） | 23（23） | 23（23） | 48.34％（47.78） |
| Stadler | 1,179（1,265） | 15（15） | 15（15） | 56％（65） |

出所：IG Metall Berlinのホームページのデータに依拠して筆者作成。（　）内は前回の結果。

機械産業におけるIG Metallの強さがわかるであろう。BIOTRONIK SE & Co. KGの当選者の比率がやや少なく見えるが，生物医学テクノロジー分野の企業であるので，機械と金属分野の従事者の労組であるIG Metallからの当選者が少ないのもある意味当然であろう。しかしながら，この圧倒的な強さは，メンバーの固定化を招き，執行役などの企業幹部たちと経営協議会メンバーとの癒着を生む可能性をも意味する。それが現実のものとなった事例がある。2005年にフォルクスワーゲン幹部が経営協議会メンバーに対して売春斡旋を含む違法な便宜供与を行った事件が発生している。この不祥事は，フォルクスワーゲンというドイツを代表する巨大企業で発生したというだけではなく，シュレーダー首相時代に連邦政府の委員長として，社会保障制度改革の一環ではあったが，痛みを伴う失業保険制度の改革を答申したフォルクスワーゲンの人事部門の総責任者であるペーター・ハルツ（Peter Hartz）が当事者であったがために大きく報道された。捜査の結果，ペーター・ハルツとフォルクスワーゲンの経営協議会委員長クラウス・ボルカート（Klaus Volkert）の両名が起訴され，有罪判決を受けたのである（堀口，2013）。

近々の事例では，2019年には，BMWの監査役会のメンバーの選出にあたり，事業所経営協議会メンバーが他のメンバーを３万ユーロで買収しようとしたスキャンダルの報道を挙げることができる。BMWミュンヘンのIG Metallの経営協議会候補は，Team IG Metall Manfred Schochと称するほど，Schoch氏が権威者として君臨している形になっている。選挙も2014年に50/59，2018年に54/63と大勝しており，他の労組との摩擦が起きる土壌があった。つまり，現実の共同決定は運営次第で企業統治の乱れを生み，企業経営にネガティブな結果をもたらすこともあるのだ。

本質的に重要なことは，全社レベルの共同決定は事業所レベルの共同決定の仕組みや選抜結果に大きく影響を受けて運営されている点である。監査役会に選出される従業員側の役員の多くは，中央経営協議会メンバーであり，彼・彼女らは，事業所経営協議会の幹部である。事業所経営協議会のメンバーは，雇用環境の維持だけではなく，事業所と地元地域の安定が大きな関心事項であるため，事業所と地元地域の利害代表としての視点から企業をモニタリングする傾向がある。企業経営における共同決定の実効性という視点から考察すると，全社レベルのものよりも事業所レベルの方が，日常の企業経営に与える影響が大きく，さらには経営側のコントロールが効かない事案が少なくない。よって，企業統治の側面から考察すると，共同決定権は従業員の経営に対する監視権を担保するだけではなく，地域社会の経営に対する監視権を間接的に保証するものであるともみなせよう。

## 6　おわりに

ドイツ大企業の企業統治は，企業形態や共同決定をうまく活用することで，権力の集中や経営者の暴走を防ぎつつ，長期的な経営戦略の実行を可能にしている。特に従業員や地域社会といったステークホルダーからの監視を有効に活用する仕組みは，ドイツに多くの永続企業を存在させる要因の１つになっているといえよう。

**【参考文献】**

Automoobilwoche（2019）Betriebsrat und BMW prüfen Vorwürfe: Korruption bei BMW vor Aufsichtsratswahl?（2019.03.08).（https://www.automobilwoche.de/article/20190308/NACHRICHTEN/190309928/betriebsrat-und-bmw-pruefen-vorwuerfe-korruption-bei-bmw-vor-aufsichtsratswahl）（最終閲覧日：2020年12月１日）

Brockhoff, K., Koeberle-Schmid, A.（2012）Mit Familienrat, Gesellschafterausschuss oder Familienmanager die Familie Organisieren, A. Koeberle-Schmid, H-J Fahrion, P. Witt（Hrsg.）*Family Business Governance,* Erich Schmit Verlag.

Clodius, Anke（2004）*Die Bedeutung der Grundrechte im Betriebsverfassungsgesetz: unter besonderer Beruecksichtigung der Rechtsprechung des Bundesverfassungsgerichtes,* Berlin, Cuvillier Verlag.

Groß, J., Redlefsen, M., Witt, P.（2012）Gesellschafterversammlung und Gesellschafterausstieg, A. Koeberle-Schmid, A., Fahrion, H-J., P. Witt, P.（Hrsg.）*Family Business Governance,* Erich Schmit Verlag.

Höpner, M.（2007）*Corporate Governance Reform and the German Party Paradox, Comparative Politics,* 39（４）pp.401-420.

IG Metall Berlin（2018）*Berlin wählt-die Betriebsräte der Unternehmen in der Metall- und Elektroindustrie.*（https://www.igmetall-berlin.de/betriebsraete-vertrauensleute/ergebnisse-br-wahlen-2018/）（最終閲覧日：2020年12月１日）

Statistisches Bundesamt（2019）*Statistisches Jahrbuch 2019.*

Streeck, Wolfgang., Höpner, Martin., Hrsg.（2003）*Alle Macht dem Markt? Fallstudien zur Abwicklung der Deutschland AG,* Campus.

海道ノブチカ（1993）「ドイツの企業経営の特徴―企業形態と所有形態を中心として―」『経営学論集』第63巻，pp.142-147。

海道ノブチカ（2005）『ドイツの企業体制―ドイツのコーポレート・ガバナンス―』森山書店。

ガウグラー・エデュアルド（増田正勝訳）（2007）「ドイツの経営体制・企業体制における労働者の共同決定」『広島経済大学経済研究論集』第30巻第１・２号，pp.171-190。

北村次一（1978）『近現代のドイツ経済社会―歴史性と現代性―』法律文化社。

坂本信太郎（1993）「中世ヨーロッパの手工業者２」『文化論集』第２巻，pp.225-270。

佐々木常和（1995）『ドイツ共同決定の生成（改訂版）』森山書店。

ジェトロ 海外調査部欧州課（2002）「税制・東部地域から見たドイツの企業立地」『ユーロトレンド』第51号，pp.62-75。

シューマッハー，ヘルマン（庄子良男訳）（2008）「普通ドイツ商法典に至るまでのドイツ法における株式会社の内部組織の発展―株式会社の経営管理の問題についての寄与―」『駿

河台法学』第22巻第1号，pp.65-148。
高橋英治（2012）『ドイツ会社法概説』有斐閣。
田山輝明（1971）「北ドイツ連邦営業令〔1869年〕試訳」『比較法学』第6巻第2号，pp.301-333。
日本労働研究機構（2001）「Verdi 参加労組，協約交渉権限をめぐり産別労組と対立」『海外労働時報』1月号。（http://www.jil.go.jp/kaigaitopic/2001_01/doitsuP02.htm）（最終閲覧日：2020年12月1日）
平澤克彦（2006）『企業共同決定制の成立史』千倉書房。
堀口朋亨（2013）「リスクマネジメントの視点から見たドイツ企業のコーポレート・ガバナンス―共同決定制度を中心に―」『危険と管理』第44巻，pp.138-150。
堀口朋亨（2017）「共同決定が持つ含意に関する一考察―東ドイツにおける共同決定的な制度の運用実態について―」『商学研究』64巻3号，pp.177-192。
村田和彦（1987）『労資共同決定の経営学（増補版）』千倉書房。
山田高生（2007）「第一次大戦中における自由労働組合の超経営的参加政策（ドイツ・一九一四-一九一八）」『成城大学経済研究』58巻，pp.139-157。
吉森賢（2000）「ドイツとフランスにおける二層制取締役会―企業統治の視点―」『横浜経営研究』第21巻第1・2号，pp.53-84。
吉森賢（2013）「ドイツ同族企業の法形態」『政経研究』第50巻第2号，pp.125-159。
吉森賢（2015）『ドイツ同族大企業』NTT出版。

# 第6章

# E. ONの企業戦略の分析

## ―競合他社との資産スワップを中心として―

## 1 はじめに

電気。これはわれわれが現代的生活を行う上で欠かすことができない。電気が使えなくなれば，われわれの生活レベルは近世以前の水準まで低下する[1]。われわれの生活に欠かすことのできないPC・スマートフォン・タブレット，テレビ，エアコン，冷蔵庫，そして洗濯機などは当然，電気によって動いている[2]。

日本で生活を営む多くの人々は，2011年3月11日の東日本大震災直後のいわゆる，「計画停電[3]」を期に，電気の重要性を再認識したであろう。では，電気はどのようにして発電するのであろうか。関西電力[4]が発行している「関西電力グループレポート2019」によれば，関西電力は原子力，石炭火力，液化天然

1 「環境のため」という理由から，「電気は不要である」との主張は現実を無視した短絡思考である。筆者がこれまでに依拠して研究を行ってきたアンドレアス・ズーハネク（Suchanek, Andreas）は，信頼を向けられる側の「経験的条件」を無視して，他者に実現不可能な要求をする思考を，「規範主義的な短絡思考」と主張する。ズーハネクの「規範主義な短絡思考」については，Suchanek（2015）および訳書を参照のこと。

2 環境に配慮することは当然としても，夏場にエアコンをつけずに生活することは命の危険を伴う。また，医療機関における患者の生命維持装置も電気で動いている。これらを見るだけでも，電気を不要とする考えは一般的なものとはならない。

3 東日本大震災で甚大な被害を受けた東京電力管内においては，2011年3月14日以降，いわゆる「計画停電」（正確には「輪番停電」）が実施された。

4 例として関西電力を挙げた理由は，東京電力は東日本大震災の影響を受けて，経営および発電等に大幅な変更を迫られたため，事例に使用しなかった。
東京電力の問題点については，桜井（2017），足立（2017）を参照のこと。

ガス（LNG），石油，一般水力，揚力，新エネルギー，そしてその他によって電気を発電している（関西電力，2020，5頁）。再生可能エネルギーの普及が叫ばれる中でも，日本の大手電力会社では新エネルギーの発電量が大幅に増加しているとはいえない状況である。

本書が考察の対象とするドイツは，基本法[5]の第20条a項「自然の生活基盤の保護（Schutz der natürlichen Lebensgrundlagen）」において，ドイツが将来世代に対する責任を踏まえ，法律の範囲内で，「自然の生活基盤」および動物を保護することを謳っている（ドイツ基本法第20条a）[6]。また，アンゲラ・メルケル（Merkel, Angela Dorothea）率いる連立与党政権は，2022年までに脱「原発」を進め，国内に存在する原子力発電の閉鎖を進めている。このようなドイツでは，どのような電力企業が電力業界をリードし，統一した市場の実現を掲げるEU（European Union，欧州連合）の域内において，他の企業に対してどのような優位性を獲得しているであろうか。そして，そのような企業は「誰がどのように経営し，それを監督している」のであろうか。

本章では，価値創造100大企業にランクインする電力大手4社，すなわち，E. ON（E. ON SE，第22位）[7]，EnBW（EnBW Energie Baden-Württemberg AG，第34位）[8]，RWE（RWE AG，第57位）[9]，そしてヴァッテンフォール（Vattenfall-Gruppe Deutschland，第99位）[10]について概観を行う。

日本においては強固な「9電力体制[11]」が敷かれている。これは，日本全国

---

5　基本法は「憲法」に相当する。

6　ドイツの環境政策および環境分野での「リーダーシップ獲得」に関しては，濱本（2015）を参照のこと。本文献は「環境問題」を経営の観点から分析している。

7　E. ONについては同社のHPから諸々の情報を得た。https://www.eon.com（最終閲覧日：2020年11月8日）

8　EnBWについては同社のHPから諸々の情報を得た。https://www.enbw.com/（最終閲覧日：2020年11月8日）

9　RWEについては同社のHPから諸々の情報を得た。https://www.group.rwe/en（最終閲覧日：2020年11月8日）

10　Vattenfallについては同社のHPから諸々の情報を得た。https://group.vattenfall.com/（最終閲覧日：2020年11月8日）

11　新電力ネット（https://pps-net.org/glossary/2440，最終閲覧日：2020年10月31日）によれば，「沖縄返還」後には，沖縄電力が「9電力体制」に加わったため，現在は「10電力体制」となっていることが指摘されている。

を①北海道電力，②東北電力，③東京電力，④中部電力，⑤北陸電力，⑥関西電力，⑦中国電力，⑧四国電力，そして⑨九州電力の計9社の電力会社が独占的に電力を供給している体制を意味している[12]。こうした日本とは対照的にドイツで，EUにおける1990年代の電力自由化の流れを受けて，地域独占が崩れてきている。さらに，以下で考察するように，E. ONとRWEの「資産スワップ」によって，事業領域の重複を回避し，自社の得意分野で競争優位を獲得した経緯とその戦略的意義を明らかにする。

その後，E. ONに焦点を当てて，その戦略を立案する経営層の監視・監督という意味合いにおける企業統治を検討する。ただし，現下のコロナ禍を考慮した場合，2020年1月以降のCOVID-19の影響を受けて以降の企業活動は，これまでのそれと同一視することは困難である。したがって，企業の分析に関しては，2019年末までのデータに基づいて作成された上記4社のAnnual Report，Integrated-Annual Report，Sustainable Report，そしてAnnual and Sustainability Reportに依拠して行う。

## 2　ドイツの電力大手4社

まず，ドイツの電力大手4社について検討を行う。第2章で言及したように，2018年時点のドイツ価値創造100大企業には，E. ON（第22位），EnBW（第34位），RWE（第57位），そしてヴァッテンフォール・グループ・ドイツ（第99位）がランクインしている。

2018年時点における上記4社の価値創造額と，ランキングを示したものが**図表6-1**である[13]。

2018年時点のE. ONは3,866 Mio. Euroの価値を生み出しており，これはEnBWとRWEが生み出す価値創造額の合計（EnBWは2,276 Mio. Euro，RWEは1,397 Mio. Euro）を超えている。そして，ヴァッテンフォール・グループ・

---

12　日本とドイツの電力会社を単純比較することは困難である。日本は島国であり，本書執筆時点における東アジアの政治的状況，とりわけ太平洋を挟んだ米中対立および，中台対立を踏まえれば，EUのように各国間で電力の融通を行うことは現実的ではない。

13　価値創造額の計算式に関しては，第2章において紹介を行っている。

図表6-1　ドイツ100大企業におけるエネルギー企業

| 2018年時点のランキング | 企業名 | 2018年時点の価値創造額 (Mio. Euro) |
|---|---|---|
| 22 | E.ON SE | 3,866 |
| 34 | EnBW Energie Baden-Württemberg AG | 2,276 |
| 57 | RWE AG | 1,397 |
| 99 | Vattenfall-Gruppe Deutschland | 909 |

出所：Monopolkomission（2020），S.80-82.にもとづき作成。

ドイツは，スウェーデンに本拠地を置く巨大多国籍企業のドイツ支社である。このドイツ支社単体でも，100大企業にランクインしている。また，第2章で考察を行ったように2014年の価値創造ランキングからは4社ともに脱落し，その後，2016年のランキングでは復活するなど，激変する経営環境下での企業管理（Unternehmungsleitung）を余儀なくされている。

以下においては，まずドイツ電力大手4社がどのような事業を展開し，どのような長期的な目標に向けて経営資源を投下しているのかについて考察を行う。

## 2-1　E. ON

E. ONは2000年　に　旧VEBA（Vereinigte Elektrizitäts-und Bergwerks Aktiengesellschaft）と，旧VIAG（Vereinigte Elektrizitäts-und Bergwerks Aktiengesellschaft）が合併して設立した新興企業である。そして，2012年にはSEへと組織変更を行った。第2章において，明らかにしたように組織変更によっても，SEへの組織変更が可能である[14]。E. ONは後述するRWEとの資産スワップにより，イノジー（Innogy SE）を買収し，2019年には「The new E. ON[15]」へと発展を遂げ，電力ネットワークと小売（消費者）の分野をコア事業とした欧州最大の電力企業である。

2019年末時点のE. ONはドイツ，英国，ハンガリー，ルーマニア，チェコ，オランダ，スウェーデン，そしてポーランドなど[16]において，従業員7万9,948

14　SE法の規定に関しては，第2章を参照のこと。
15　この表現は，E. ONのSustainability Report 2019に登場する表現である。

人の被雇用者を雇っている（E. ON, 2020a, p.38）。そして，1.28 Mill. Kmのネットワークを有し，3,400万人の電気・ガスの消費者を抱えている（E. ON, 2020b, p.3）。

2019年12月末時点のE. ONの中核事業は，「エネルギーネットワーク」と「小売」である。E. ON（2020a）においては，2018年12月31日と2019年12月31日の被雇用者がどのような分野で労働に従事しているのかが示されている（E. ON, 2020a, p.38）。2019年に買収を行ったイノジーの従業員をそのまま計上しているため，2018年と2019年を単純比較することは困難である。しかしながら，再生可能エネルギー分野の人員の変化は非常に顕著である。2018年12月31日時点では，1,374名存在した再生可能エネルギー分野での被雇用者は，2019年12月31日時点には12名（−99％）となっている（E. ON, 2020a, p.38）。これは後述する資産スワップによって，E. ONが保有する再生可能エネルギー分野をRWEに譲渡したためである。そのため，E. ON（2020a）では，中核事業としてエネルギー・小売（消費者）が挙げられている（E. ON, 2020a, p.38）。

## 2-2　EnBW

次に，EnBWについて考察を行う。この企業は，1997年１月１日，ドイツ南部のバーデン・ヴュンテンベルク州の２つの公益事業会社，すなわちバーデンベルク（Badenwerk AG）とエネルギーフェアゾーグンク・ジュバーベン（Energieversorgung Schwaben AG）の合併によって設立された。

EmBW（2020）によれば，2019年12月31日時点で，EnBWの被雇用者数は２万3,293人（2018年末比＋7.0％増）であり，その内訳としては営業が4,394人，供給に9,254人，再生可能エネルギーに1,384人，発電・取引に5,499人，その他2,762人となっている（EnBW, 2020, p.86）。とりわけ，再生可能エネルギーの事業には，2018年時点では1,144人であったのが，270人を増員（前年比+21.0％）している（EnBW, 2020, p.86）。

**図表６-２**は，EnBWの最終消費電力発電量について2012年と2019年で比較したものである。

16　2019年時点においては，その他の国々，すなわちイタリア，米国，そしてデンマークなどで1,414人の被雇用者が雇用されている（E. ON, 2019, p.38）。

図表6-2 EnBWの最終消費電力発電量の比較（2012年/2019年）

| | 2012年の発電量（MW） | 2019年の発電量（MW） |
|---|---|---|
| 石炭 | 5,021 | 4,461 |
| 原子力 | 3,333 | 2,933 |
| ガス | 1,154 | 1,165 |
| 水力（揚水） | 545 | 545 |
| その他 | 820 | 347 |
| 合計 | 10,873 | 9,451 |

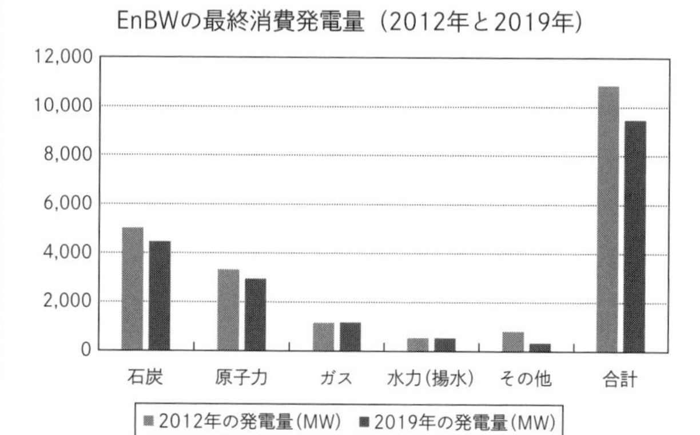


出所：EnBW（2020），p.4のデータにもとづき筆者作成。

図表6-2に示されているように，2012年時点では，石炭火力による発電量が5,021MWであり，原子力発電による発電量は3,333MWであった。EnBWは，この石炭と原子力発電による発電量の削減に取り組み，2012年の総発電量は1万873MWであったが，2019年には9,451MWにまで最終消費発電量を削減している。

これは単なる削減ではない。再生可能エネルギーの発電量の推移を見た場合には，**図表6-3**のようになる。

図表6-3に示されているように，2012年時点の風力発電による発電量は218MWであった。2019年時点では1,660MWにまで増加した。他にも，（自然）水力発電，流れ込み式水力発電，そしてその他の方法も微増し，再生可能エネルギーによる発電総量は，2012年時点では2,527MWであったものが，2019年には4,398MWにまで増加した。

EnBWの最終消費電力と再生可能エネルギーの発電量の合計を2012年と2019年で比較した場合，1万3,400MWから1万3,849MWにまで増加している。したがって，単純に総発電量を削減して再生可能エネルギーの割合を増加させたのではなく，最終消費電力を削減させる一方で，再生可能エネルギーの発電量を増加させながら，総発電量に占める再生可能エネルギーの割合を増加させたのである。

図表６－３　EnBWの再生可能エネルギー発電量（2012年/2019年）

| | 2012年の発電量（MW） | 2019年の発電量（MW） |
|---|---|---|
| 風力 | 218 | 1,660 |
| 水力（自然） | 1,311 | 1,507 |
| 流れ込み式水力 | 882 | 1,006 |
| その他 | 116 | 225 |
| 合計 | 2,527 | 4,398 |

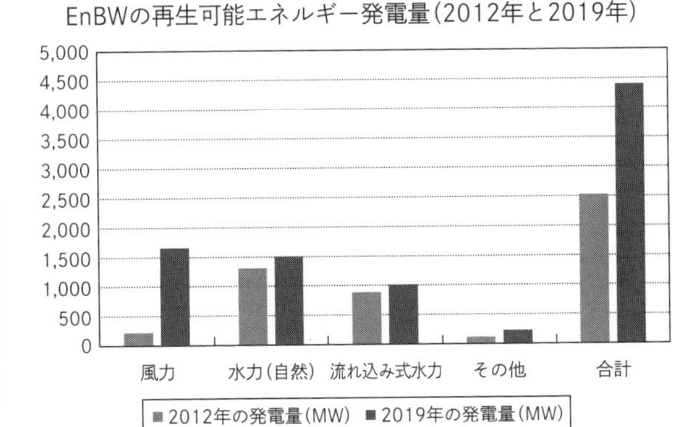


出所：EnBW（2020），p.4のデータにもとづき筆者作成。

## 2-3　2025年の目標

続いて，EnBWの二酸化炭素排出量削減のための目標について検討を行う。EnBW（2020）によれば，EnBWの2012年時点における再生可能エネルギーの総発電量に占める割合は，19％であった。７年後の2019年にはこの割合を32％にまで増加させた。

そして，2025年までには最終消費エネルギーと再生可能エネルギーの発電量の割合を各50％とすることを目標に掲げている（EnBW, 2020, p.4）。

## 2-4　RWE

RWEは1898年４月25日に設立された歴史ある電力会社を全身としている。1990年までは，“Rheinisch-Westfälisches Elektrizitätswerk AG”という社名を使用しており，120年にもわたって，この「電力」という分野で事業活動を展開してきた。

RWE（2020）においては，RWEが「電力」という分野で事業展開を行っていくこと自体は変化させないことに言及しつつ，1898年の設立当初と比較して，2020年時点におけるRWEは非常に大きな潜在能力を有している，と主張している（RWE, 2020, p.1）。これは以下で明らかにする野心的な目標と密接な関係がある。

そして，RWE（2020）の「1.1 Strategy」には，今後のRWEは「持続可能な発電（sustainable power generation）」と「エネルギー取引（energy trading）」に重点的に取り組むことが定められている（RWE 2020, p.28）。しかしながら，RWE（2020）によれば，2019年12月31日時点の被雇用者数は1万9,792人であり，最も多い人員は褐炭火力発電および原子力発電の1万1,150人である（RWE, 2020, p.61）。また，総被雇用者の1万9,792人のうち，1万5,056人がドイツ国内で雇用されている（RWE, 2020, p.61）。

次に，RWEの中核事業について検討を行う。RWE（2020）において指摘されているように，RWEは「ドイツ[17]」の無煙炭・褐炭火力，そして原子力発電に明確な「出口」を用意している（RWE, 2020, p.15）。そのため，RWE（2020）においてこれらの事業は中核事業に分類されていない（RWE, 2020, p.15）。また，RWEは今後，石炭による火力発電所は新規設立を行わないことを決定している（RWE, 2020, p.15）。

RWEは2040年の目標に「カーボン・ニュートラル（carbon neutral）[18]」を掲げている（RWE, 2020, p.28）。これは非常に野心的な目標であるといえる。しかしながら，現にRWEは2012年から2019年にかけて，二酸化炭素排出量を51％削減することに成功している（RWE, 2020, p.28）。そして，RWEは2030年までに75％の削減を掲げるとともに，石炭火力発電の段階的な廃止を計画している（RWE, 2020, p.28）。

そして，2040年までには，「カーボン・ニュートラル」という目標を達成するために，これまでの発電ポートフォリオの大幅な見直しを検討することを掲げているだけではなく，再生可能エネルギーの急速な拡大および，電力の貯蔵技術の活用によるRWEのブランドの向上を目指している（RWE, 2020, p.28）。

---

17　この「出口戦略」の説明において，「ドイツ」と限定した表現を行っているところに，比較的環境基準の緩い国での展開に関して，含みを持たせている可能性は否定できない。

18　この「カーボン・ニュートラル」という概念は，狭義には，人間が排出する二酸化炭素と植林や再生可能エネルギーによる発電量を同程度にする，という意味合いも存在する。このような「カーボン・ニュートラル」が「持続可能」な方策であるのか，については稿を改めて検討を行う。

## 2-5　ヴァッテンフォール・グループ・ドイツ

最後に，ヴァッテンフォール・グループ・ドイツについて検討を行う。ここでは，ヴァッテンフォール・グループ・ドイツの親会社であるヴァッテンフォール（Vattenfall AB[19]）の欧州における事業展開および，ヴァッテンフォールの掲げる二酸化炭素排出量の削減に焦点を当てて議論を行う。

ヴァッテンフォールは，スウェーデンの首都ストックホルムのソルナ（Solna）に本拠地を構えるスウェーデンの多国籍電力企業である。そして株式の100％をスウェーデン政府が保有している。この企業も1990年代の電力自由化を受けて，近隣諸国の電力会社を吸収しながら成長を遂げた。2019年末のヴァッテンフォールは，約２万人の被雇用者を雇用しており，約700万人の電力消費者，約330万人の電力ネットワーク消費者，約250万人のガス消費者，そして約220万人の熱消費者を抱えるヴァッテンフォールは，自社を「電気」と「熱」の分野における「欧州最大の生産および小売業者の１つ」と規定している（Vattnefall, 2020, p.4）。

2019年におけるヴァッテンフォールの営業利益を生み出している分野は，（自然エネルギー以外の）発電分野が58％，供給分野19％，風力分野16％，顧客ソリューション分野5％，そして熱分野が2％となっている（Vattenfall, 2020, p.4）。

Vattenfall（2020）によれば，この企業は本社のあるスウェーデンだけではなく，フィンランド，デンマーク，ドイツ，オランダ，そしてイギリスなどにおいて事業を展開している（Vattenfall, 2020, p.5）。そして，発電方法としては，再生可能エネルギーに分類される風力やバイオマス，水力[20]そして太陽光だけではなく，石炭火力や原子力発電所も有している。ヴァッテンフォールが保有する大規模な風力発電所としては，Horns Rev 3（407 MW），Thanet（300 MW），DanTysk（288 MW），そしてSandbank（288 MW）を所有している。これらの発電所はすべて“offshore”すなわち,「洋上風力」である（Vattenfall,

19　ABとは，スウェーデン語のaktiebolagの略称であり，株式会社を意味する。

20　「水力」による発電方法のうち，揚上式の方法は再生可能エネルギーによる発電に含まれないことが多い。

2020, p.5)。その一方で，1,654 MWの発電キャパシティを持つ原子力発電所をドイツ国内のハンブルクにあるモーアブルク（Moorburg）に保有している（Vattenfall, 2020, p.5)。

そして，ヴァッテンフォールは1990年から2000年までをA：欧州電力市場の規制緩和期，2000年から2015年をB：成長期（オランダ・ドイツなどの企業を買収），そして2015年から2050年をC：化石燃料を使わない社会への移行期と定義している（Vattenfall, 2020, p.1)。その上で，2050年までには化石燃料を使用しない社会の実現を目指している。

## 2-6　小　括

E. ON，EnBW，RWE，そしてヴァッテンフォールについて考察を行った内容まとめると，以下のようになる。

①2019年末時点で，石炭火力発電や原子力発電の依存度の高いEnBWやRWE，そしてヴァッテンフォールは，今後再生可能エネルギーの割合を飛躍的に増加させる計画を発表している。

②EnBWやRWEにおいては，石炭火力および原子力発電を中核事業としては位置づけていない。

③それぞれの企業においては，2040年あるいは2050年に向けて，スローガンは企業ごとに異なるものの，二酸化炭素の排出量を削減あるいはゼロにする目標に向けた計画を立案するとともに，それに取り組んでいる。

以下においては，E. ONがこれまで取り組んできた再生可能エネルギーの分野を譲渡した理由と経緯について検討を行い，その戦略的意義を考察する。

# 3　E. ONとRWEの資産スワップ

SEのEU域内での活動を明らかにするために，E. ONとRWEの電力業界における地位を確立させたE. ONによるイノジー買収について検討を行い，その際に用いられた非常に複雑な資産スワップについて**図表6－4**に依拠して概観を行う。

図表6-4　E. ONとRWEの資産スワップ

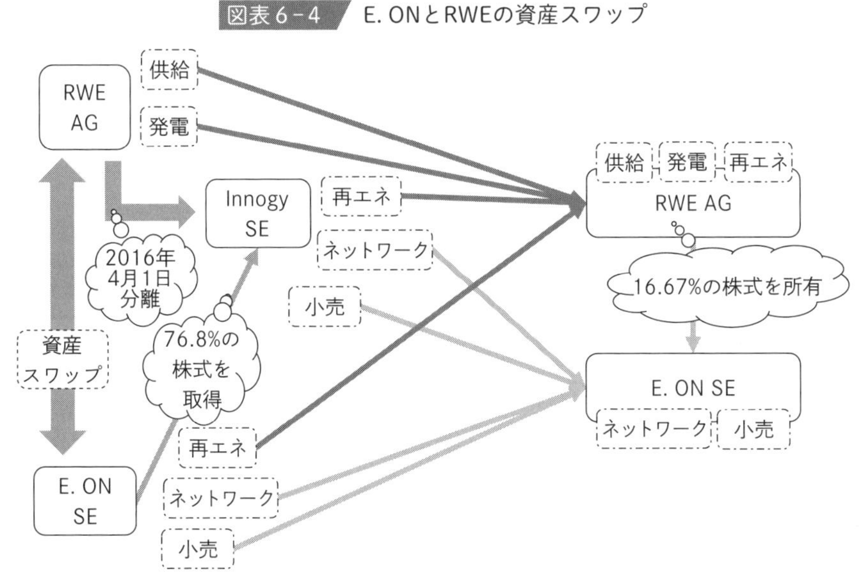


注：RWEからイノジーが分離した流れおよび，E. ONによる買収を追加している。
出所：E. ON（2020）Sustainable Report 2019のp.3にもとづき，加筆の上，筆者作成。

## 3-1　RWEとイノジーの関係

そもそも，イノジーは2016年4月1日に，RWEの再生可能エネルギー，ネットワーク，そして小売部門を分割して設立されたSEである。「はじめに」の部分で言及したドイツにおける脱「原発」はすべてが思い通りに進んだわけではない。とりわけ，RWEは2011年における営業利益や経常純利益は大幅なマイナスに転じている（RWE, 2012）。2010年代前半の業績低迷を受けて，RWEは自社が保有していた再生可能エネルギー，ネットワーク，そして小売部門を分離させ，イノジーを上場させることで，資本市場から資金調達を図ろうとしたのである。

## 3-2　E. ONとRWEの合意とその戦略的意義

E. ON（2020a）の「監査役会報告」の最初のトピックは，イノジーの買収についてであった（E. ON 2020a, p.4）。E. ON（2020b）において説明されているように，2018年３月，E. ONとRWEはRWEが保有するイノジーの76.8％の株式を取得することで合意を果たした。この合意に基づいて資産スワップが行われた。

その結果，図表６－４に示したように，イノジーの再生可能エネルギー部門とE. ONの再生可能エネルギー部門をRWEが獲得し，これまでRWEには存在しなかった再生可能エネルギー分野の事業が手に入り，多様な発電方法を持つこととなった。一方，イノジーが持つネットワーク部門と小売部門はE. ONが獲得することとなった。その結果，E. ONは自らの得意分野に注力することが可能となったのである。そして，RWEはE. ONの株式の16.67％を保有したのである。

ドイツの価値創造100大企業同士の巨大な資産スワップは，巨大な多様な発電手段を有する巨大電力会社と，欧州における最大のネットワークおよび，小売を可能とする巨大企業を誕生させた。

この戦略的意義について以下の点を指摘したい。1990年代よりエネルギーの自由化が進む欧州においては，地域独占が強固な日本と異なり，各企業が競合他社と同一の設備を保有することに意味はない。したがって，自らが得意とする分野に特化した事業展開が必要となる。E. ONが単にイノジーを買収しただけでは，RWEとの競合関係が継続することになる。この資産スワップによって，それぞれの棲み分けが行えたことは，ドイツの企業として活動する，という意味合いではなく，欧州あるいはグローバルに活動を展開する，という文脈で理解すると，得意分野に特化したグローバル・プレイヤーとしての優位性を獲得したといえる。

## 4　E. ONの企業統治システム

続いて，E. ONの取締役会と監査役会の構成に焦点を当てて検討を行う。SEにおける二元制モデルについては，第２章で検討を行った。2019年12月31日時点の取締役会と監査役会の構成を図示したものが，**図表６－５**となる。

図表６－５に示されているように，ドイツに本拠地を構えるSEであり，株式会社であったころと同様に，二元制の統治の仕組みを採用している。すなわち，

図表６－５　E. ONの二元制の企業統治のシステム

| ①監査役会（構成員20名） | |
|---|---|
| 資本側（10名）： | 労働側（10名）： |
| ①Dr. Karl-Ludwig Kley（議長） | ①Andreas Scheidt（副議長）<br>Unified Service Sector Union, ver.di |
| ②Erich Clementi（副議長） | ②Clive Broutta<br>GMBの代表（常任） |
| ③Klaus Fröhlich<br>BMW AGの取締役会構成員 | ③Monika Krebber<br>innogy SEのGeneral Works Councilの副代表 |
| ④Ulrich Grillo<br>Grillo-Werke AGの取締役会会長 | ④Eugen-Gheorghe Luha<br>E. ON SEのWorks Councilの構成員など |
| ⑤Carolina Dybeck Happe<br>Chief Financial Officer, A.P. Møller - Mærsk A/S | ⑤Stefan May<br>E.ON Group Works Councilの副議長など |
| ⑥Andreas Schmitz<br>Attorney and bank manager | ⑥Szilvia Pinczésné Márton<br>E.ON の欧州経営協議会構成員など |
| ⑦Dr. Rolf Martin Schmitz<br>CEO, RWE AG | ⑦René Pöhls<br>Deputy Chairman of the SE Works Council, E.ON SE |
| ⑧Dr. Karen de Segundo<br>Attorney | ⑧Fred Schulz<br>Chairman of the SE Works Council, E.ON SEなど |
| ⑨Deborah Wilkens<br>Management consultant | ⑨Elisabeth Wallbaum<br>Expert, SE Works Council E.ON SE and E.ON Group Works Councilなど |
| ⑩Ewald Woste<br>Management consultant | ⑩Albert Zettl<br>E. ONのSE Works Council副議長など |

| ②取締役会（構成員５名） |
|---|
| ①Dr. Johannes Teyssen<br>取締役会会長（2010年以降）/innogy SEの議長Chairman（since October 5, 2019） |
| ②Dr.-Ing. Leonhard Birnbaum |
| ③Dr. Thomas König |
| ④Dr. Marc Spieker |
| ⑤Dr. Karsten Wildberger |

出所：E. ON,（2020）, pp.240-242にもとづき筆者作成。

①監査役会と②取締役会に権限が明確に区分されている。そして，①の構成員数は20名である。E. ONは2012年にSEへ組織変更を行い，監査役会の構成員を12名にまで圧縮した。しかしながら，イノジーの買収に伴い監査役会を20名に増加させていた。これはイノジーの監査役会構成員がE. ONの監査役会に組み入れられたためである（E. ON, 2020, p.67）。E. ON（2020）によれば，2019年

末時点で20名の構成員からなる監査役会は，2023年には12名まで圧縮することが予定されている（E. ON, 2020, p.67）。

また，E. ON（2020）においては，2017年２月７日に発行された“Government Commission German Corporate Governance Code”[21]を遵守することが明記されている（E. ON, 2020, p.62）。これは“comply or explain”の原則，すなわち，「遵守せよ，さもなくば説明せよ」という原則に従った表記であり，ソフトローならではということができる。

## 4-1　取締役会の構成

まず，企業の業務執行を担う取締役会の構成を明らかにする。E. ONの取締役会は，①Dr. J.テイセン（Teyssen, Johannes），②Dr. -Ing. L.ビーンバウム（Birnbaum, Leonhard），③Dr. T.ケーニッヒ（König, Thomas），④Dr. M.シュピーカー（Spieker, Marc），そして⑤Dr. K. ヴィルトベルガー（Wildberger, Karsten）の５名により構成されており，取締役会会長は①テイセン（2004年から取締役会構成員）が2010年以来務めている（E. ON 2020, p.242）。

そして，上記の５名の取締役会構成員には，それぞれの担当分野がある。E. ON（2020）によれば，①テイセンは戦略とイノベーション，人的資源，コミュニケーションと政策的な影響，法令遵守，環境，そして持続可能性などを担当する。そして②ビーンバウムはイノジーの統合プロジェクト，コンサルティングなどを担当している。③ケーニッヒは，トルコを含むエネルギーネットワークと調達を，④シュピーカーはM＆Aやリスクマネジメント，コントローリングやIRおよび税などを担当する。そして⑤ヴィルトベルガーはマーケティングやカスタマーソリューションを担当する。

個別に取締役の担当分野が明確に区分されているとともに，例えば日本の関西電力の13名の取締役[22]などと比べると，少ない取締役会で企業の意思決定を担っている点が，日独の大きな違いであると指摘することができる。

---

21　ドイツにおける企業統治改革については，海道（2005；2013）を参照のこと。

22　詳しくは，関西電力のHP（https://www.kepco.co.jp/corporate/profile/officer.html（最終閲覧日：2020年11月８日）を参照のこと。

## 4-2　監査役会の構成

E. ONの監査役会は，監査役会議長のDr. K. ケリー（Kley, Karl-Ludwig）を筆頭に，上述した経緯から20名の構成員から構成されている。図表6-5に示されているように，2019年末のE. ONの監査役会は，労働側10名と資本側10名によって構成されている。監査役会副議長は3名存在し，資本側のE.クレメンティ（Clementi, Erich）と労働側のA.シャイト（Scheidt, Andreas）がその任にあたっている。シャイトはUnified Service Sector Unionのメンバーである。

そして，2019年9月24日以降に，監査役会に加わった構成員としては，イノジーの全体経営評議会副会長のM. クレバー（Krebber, Monika），E. ONグループの経営評議会副会長などを歴任するS. メイ（May, Stefan），E. ON本体のSE経営評議会副会長などを務めるR. ペールス（Pöhls, René）の労働側3名である。また，同年10日1日から監査役会構成員に加わったのは，グリロ・ヴェルケ（Grillo-Werke AG）の取締役会会長のU. グリロ（Grillo, Ulrich），RWE AGのCEOであるDr. R. M. シュミット（Schmitz, Rolf Martin），そして経営コンサルタントのD. ウィルケンス（Wilkens, Deborah）の資本側3名である。図表6-4で示したように，資産スワップの結果として，RWEはE. ONの株式の16.67%を所有することとなった。このため，Dr. シュミットがE. ONの監査役会の構成員として加わったことがうかがえる。

これまでに明らかにしたように，SEは共同決定法の適応を受けない。E. ONがSEでなくAGであった場合には，約8万人の被雇用者を雇用しているE. ONであれば，共同決定法第7条の規定に従い，形式上は労資同数の監査役会の20名からなる監査役会を設置する必要があった。

しかしながら，上述のような理由から2019年末時点では20名から構成される監査役会を有しているものの，2023年には12名まで監査役会を圧縮することを予定しており，第2章で指摘したように，ガバナンス組織の簡略化を考えた場合には，SEを選択することにメリットがある。また，資産スワップの結果として，イノジーを買収した側のE. ONのビジネスモデルや収益源，そして優位性という経営的な側面だけではなく，企業のトップマネジメントである取締役会を監視・監督する監査役会の構成という意味でのガバナンス組織にも影響を与えたことが読み取れる。

## 5　おわりに

本章においては，基本法において将来世代に対する責任から「自然の生活基盤」の保護を謳い，東日本大震災以降は脱「原発」を掲げるドイツでは，どのような電力企業が電力業界を牽引し，EUの域内において他の企業に対してどのような優位性を獲得し，そしてそのような企業は「誰がどのように経営し，それを監督している」のであろうか，という問題意識を掲げた。

ドイツの電力大手４社（ドイツ価値創造100企業）は，E. ON，EnBW，RWE，そしてヴァッテンフォール・グループ・ドイツである。これらの企業は，第２章で言及したように，激動の経営環境下での活動を余儀なくされている。その中で，ドイツやEUにおける二酸化炭素排出削減の流れを受けて，それぞれ排出量の削減を掲げ，自社の得意分野に経営資源を集中的に投下している。とりわけ，E. ONとRWEは本章で考察を行った2019年の資産スワップによって，E. ONはイノジーを買収し，両企業は事業再編を行った。その結果，E. ONはネットワークと小売の分野で，RWEは発電，再生可能エネルギー，そして供給の分野に特化した先進的な企業へと発展を遂げた。このように自社の事業分野に特化することで，EU域内で優位性を戦略的に獲得したことが指摘できる。また，RWEはE. ONの株式を所有することで，E. ONの監査役会に自社のCEOを送り込んでいる。

そして，この2019年末時点で約７万9,000人の被雇用者を抱えるE. ONは，イノジーの買収に伴い監査役会構成員を20名にまで増加させている。これは一時的な措置であり，2023年に12名まで圧縮することを予定している。また，一般的な日本の企業と比較した場合には，５名という少ない人数で構成される取締役会が意思決定を担っている。

最後に，今後の検討課題について触れておく。今後はE. ON，EnBW，そしてRWEが欧州域内だけではなく，世界的な展開を通じて，どのように優位性を獲得しているのか，について検討を行うとともに，欧州の企業が主導する再生可能エネルギーに基づいた発電による「カーボン・ニュートラル」や，最終消費電力と再生可能エネルギーによる発電量を同程度にする，という戦略そのものが，「持続可能」なものであるのか，についても検討を行う。

## 【参考文献】

E. ON SE（2010-2019）*Annual Report 2010-2018.*
E. ON SE（2020a）*Annual Report 2019.*
E. ON SE（2020b）*Sustainable Report 2019.*
EnBW（2020）*Integrated Annual Report 2019.*
Monopolkomission（2020）*Hauptgutachten XXIII: Wettbewerb 2020.*
RWE（2010-2020）*Annual Report 2011-2019.*
Suchanek, Andreas（2015）*Unternehmensethik: In Vertrauen investieren,* Tübingen（柴田明・岡本丈彦訳『企業倫理―信頼に投資する―』同文舘出版，2017年）
Vattenfall（2020）*Annual and Sustainability Report 2019.*

足立辰雄（2017）「CSRから東京電力の社会的責任を考える―福島原発事故とコーポレートガバナンスの実態―」日本比較経営学会編『比較経営研究　原発問題と市民社会の論理』（第41号）pp.5-31，文理閣。
海道ノブチカ（2005）『ドイツの企業体制―ドイツのコーポレート・ガバナンス―』森山書店。
海道ノブチカ（2013）『ドイツのコーポレート・ガバナンス』中央経済社。
桜井徹（2017）「福島原発事故後における東京電力のガバナンス―誰のために経営されているか―」日本比較経営学会編『比較経営研究　原発問題と市民社会の論理』（第41号）pp.32-56，文理閣。
高橋宏幸（2000）「コンツェルンの統一的指揮と人的結合―戦略的コンツェルンにおける支配・調整メカニズムに関連して―」『総合政策研究』第5号，pp.23-40。
濵本隆弘（2015）「地球環境問題と企業経営」深山明・海道ノブチカ編著『基本経営学（改訂版）』pp.194-206，同文舘出版。

# 索　引

■執筆者紹介（執筆順）

**吉村　典久**（よしむら・のりひさ）　　**編集，第1，4章**
編著者紹介参照

**曽根　秀一**（そね・ひでかず）　　**第1，4章**
静岡文化芸術大学文化政策学部准教授，博士（経営学）
1977年生まれ，和歌山大学大学院経済学研究科修士課程修了，2010年滋賀大学大学院経済学研究科博士後期課程修了，2010年日本学術振興会特別研究員（神戸大学），2011年日本学術振興会特別研究員（和歌山大学），2012年大阪経済大学経営学部講師，2012年カナダMemorial University客員研究員，2014年帝塚山大学経営学部講師，2015年静岡文化芸術大学文化政策学部講師，2017年より現職。
主著：『老舗企業の存続メカニズム―宮大工企業のビジネスシステム―』（中央経済社，2019年：日本地域学会賞，ファミリービジネス学会賞，日本ベンチャー学会賞，中小企業研究奨励賞本賞，企業家研究フォーラム賞），“Cultural approach to understanding the long-term survival of firms: Japanese Shinise firms in the sake brewing industry”（共著, *Business History*, Vol.57, 2015年），「老舗企業の継承に伴う企業家精神の発露」（『VENTURES REVIEW』第22号，2013年：日本ベンチャー学会論文賞）。

**三上　磨知**（みかみ・まち）　　**第1章**
大阪学院大学経営学部教授，博士（経営学）
1973年生まれ，和歌山大学大学院経済学研究科修士課程修了，2000年大阪市立大学大学院経営学研究科博士後期課程単位取得退学，2000年大阪学院大学流通科学部（現経営学部）講師，2003年同准教授，2007年スイスUniversität St.Gallen客員研究員，2017年より現職。
主著：「ステイクホルダーダイアログと企業倫理」（『大阪学院大学商・経営学論集』第42巻第2号，2017年），「企業倫理の規範的基礎としてのビジネス・インテグリティとその実践」（『大阪学院大学商・経営学論集』第41巻第2号，2016年），「P.ウルリッヒの社会経済的合理性概念に関する考察」（『大阪学院大学流通・経営学論集』第37巻第2号，2011年）。

**岡本　丈彦**（おかもと・たけひこ）　　**第2，6章**
高松大学経営学部准教授，博士（商学）
1987年生まれ，2014年関西学院大学商学研究科博士後期課程単位取得退学。2014年高松大学経営学部助教，2015年同講師，2019年より現職。
主著：「v. ヴェルダーの管理組織論―組織理論的な観点と法的な観点からの考察―」（経営学史学会編『経営学の貢献と反省―二十一世紀を見据えて―』所収，文眞堂，2013年），『企業倫理―信頼に投資する―』（アンドレアス・ズーハネク著，共訳，同文舘出版，2017年）

**柴田　　明**（しばた・あきら）　**第3章**

日本大学商学部准教授，博士（商学）

1978年生まれ，2003年名古屋市立大学大学院人間文化研究科修士課程修了，2009年慶應義塾大学大学院商学研究科博士後期課程単位取得退学。2009年香川大学経済学部講師，2010年同准教授，2015年ドイツHHL-Leipzig Graduate School of Management客員研究員，2018年より現職。

**主著**：『ドイツ・システム論的経営経済学の研究』（中央経済社，2013年），「オルドヌンク倫理学と企業倫理実践―企業のルール形成・ルール啓蒙活動に焦点を当てて―」（『経営哲学』第17巻第２号，2020年），『経営経済学の歴史』（ギュンター・シャンツ著，共訳，中央経済社，2018年），「ホーマン学派の「秩序倫理」における企業倫理の展開―理論的発展とその実践的意義について―」（経営学史学会編『経営学史研究の興亡』所収，文眞堂，2017年）。

**堀口　朋亨**（ほりぐち・ともなが）　**第5章**

国士舘大学経営学部准教授，経営経済学博士（Dr. rer. pol.）

1970年生まれ，2008年ドイツGeorg-August-Universität Göttingen, Promotionsstudiums Wirtschaftswissenschaften修了。2006年ドイツLudwig-Maximilians-Universität Münch, Japan Zentrum助手，2009年大阪市立大学都市研究プラザ特任講師，2014年京都外国語大学外国語学部准教授，2019年より現職。

**主著**：『Rationalität und Handlungslogik der Auslandsdirektinvestitions aktivitäten japanischer Unternehmen』（Peter Lang，2008年），「ドイツ―労使関係の独日比較―」（工藤章・橘川武郎・グレン・フック編『現代日本企業３・グローバルレビュー』所収，有斐閣，2006年）。

■編著者紹介

**吉村　典久**（よしむら・のりひさ）

大阪市立大学大学院経営学研究科教授，和歌山大学名誉教授，博士（経営学）
1968年生まれ，1993年神戸大学大学院経営学研究科修士課程修了，2003年英国Cass Business School, City University（現City, University of London）客員研究員，2008年和歌山大学経済学部教授，2017年より現職。
主著：『会社を支配するのは誰か—日本の企業統治—』（講談社，2012年），『部長の経営学』（筑摩書房，2008年），『日本の企業統治—神話と実態—』（2007年，NTT出版）。



## ドイツ企業の統治と経営

2021年3月31日　第1版第1刷発行

編著者　吉　村　典　久
発行者　山　本　　継
発行所　㈱中央経済社
発売元　㈱中央経済グループパブリッシング

〒101-0051　東京都千代田区神田神保町1-31-2
電話　03（3293）3371（編集代表）
03（3293）3381（営業代表）
https://www.chuokeizai.co.jp
印刷／㈱堀内印刷所
製本／㈲井上製本所



Ⓒ 2021
Printed in Japan



＊頁の「欠落」や「順序違い」などがありましたらお取り替えいたしますので発売元までご送付ください。（送料小社負担）

ISBN978-4-502-38241-3　C3034



JCOPY〈出版者著作権管理機構委託出版物〉本書を無断で複写複製（コピー）することは，著作権法上の例外を除き，禁じられています。本書をコピーされる場合は事前に出版者著作権管理機構（JCOPY）の許諾を受けてください。
JCOPY〈http://www.jcopy.or.jp　eメール：info@jcopy.or.jp〉